예수님의 사람

예수동행훈련 시리즈 ❷

예수님의 사람

유기성 지음

| 인도자용 워크북 |

예수님과 동행하는 삶으로 인도하는 제자훈련
Walking with Jesus

위드지저스

나는 포도나무요 너희는 가지라
그가 내 안에, 내가 그 안에 거하면
사람이 열매를 많이 맺나니
나를 떠나서는 너희가
아무 것도 할 수 없음이라

요한복음 15장 5절

제자훈련 인도자에게
드리는 편지

교회에서 섬길 일이 참 많지만 가장 귀한 일이 교인들을 예수님의 제자로 세우는 일일 것입니다. 그것은 예수님의 사역이기 때문입니다. 예수님께서 공생애 기간 동안 책을 쓰거나 건물을 세우지 않고 제자를 세우셨습니다. 그리고 부활 승천 하시기 전 제자들에게 제자 삼는 사역을 맡기셨습니다.

너희는 가서 모든 민족을 제자로 삼아 마 28:19

훈련생을 예수님의 제자로 세우는 일은 너무나 소중하고 영광스런 사명입니다. 교인들이 제자로 세워져야 예수님께서 교회 공동체의 주인이 되실 수 있습니다. 교인들이 제자가 되지 않으니 교회가 사람들의 조직으로 전락하고 마는 것입니다. 그러므로 교회의 미래는 교인 한 사람 한 사람을 주님과 동행하는 제자로 세우는 데 달려 있습니다.

제자훈련은 훈련생으로 하여금 성경의 진리와 함께 주님과 동행하는 삶을 살도록 도와야 합니다. 주님과 동행하는 사람이 주님의 제자이기 때문입니다. 제자훈련 인도자의 자격 역시 '주님의 임재하심을 항상 깨닫고 주님을 바라보며 주님과 동행하는 자'입니다. 제자훈련은 인도자 자신이 예수님이 주인인 삶을 사는 것을 훈련생들에게 보여주어 그들도 그렇게 살도록 도와주는 것입니다.

제자훈련의 강사는 주 예수님이십니다. 인도자는 주 예수님의 도구일 뿐입니다. 사도 바울은 "그리스도께서 이방인들을 순종하게 하기 위하여 나를 통하여 역사하신 것 외에는 내가 감히 말하지 아니하노라"(롬 15:18)라고 말했습니다. 이것이 모든 인도자의 고백이어야 합니다. 인도자가 힘쓸 일은 교재를 함께 나누면서 주님이 하시는 일을 바라보며, 훈련생들에게도 주님을 바라보게 하는 것뿐입니다. 인도자의 목표는 무엇을 가르치는 것이 아니라 훈련생이 주님을 바라보도록 격려하고 동기부여하고 서로 점검하는 일입니다.

예수님께서는 3년 동안 제자들과 함께 지내시면서 하나님 나라 복음을 가르치고 함께 사역하셨습니다. 그리고 부활 승천하시면서 제자들에게 교회와 양 무리를 맡기셨습니다. 그리고 땅 끝까지 가서 모든 민족으로 제자를 삼으라고 하셨습니다. 그러면서 제자들에게 약속하신 것은 오직 주님께서 항상 함께하실 것이라는 사실과 성령이 마음에 임하시기를 기다리라는 것이었습니다.

그러므로 제자훈련 인도자의 자격은 '나는 죽고 예수로 사는 사람', 24시간 주님을 바라보는 사람', '예수님은 나의 왕이시다.'라고 고백하는 사람입니다. 주님과 동행하는 삶에 눈이 뜨이고 자신보다 연약한 믿음을 가진 교인들이 주님을 바라보며 주님과 동행하는 삶을 살도록 도와줄 수 있어야 합니다.

제자훈련을 인도하는 것은 엄청난 유익을 줍니다. 배워서 아는 것은 아직 아는 것이 아닙니다. 가르칠 수 있어야 아는 것이고, 가르친 대로 살아야 진정 아는 것입니다. 가르쳐 보아야 자신의 영적 실상을 깨닫게 됩니다. 제자훈련을 인도하면서 실제로는 인도자 자신이 주님으로부터 제자훈련을 받는 것입니다.

제자훈련을 인도하면서 다음 사항을 꼭 지켜주기 바랍니다.

1. 수업할 교재 내용을 충분히 파악해야 합니다

훈련생들과 마찬가지로 인도자도 매일 한 과씩을 읽고 준비해야 합니다. 아는 내용이라고 그냥 넘어가지 말고 훈련생들에게 할 질문을 자신에게 던져보며 스스로를 점검해 보아야 합니다. 가르치려 하지 말고 먼저 진리가 나를 자유하게 했는지 자신을 말씀 앞에 세워 보기 바랍니다. 그렇게 함으로써 영적인 풍성함과 정확함을 얻게 됩니다.

2. 집중할 핵심 부분에 대한 파악을 해놓아야 합니다

인도자 가이드를 보고 전체의 내용의 맥을 잡습니다. 한 단원 안에 포함된 각 과의 제목들은 그 단원의 주제를 담고 있으므로 제목을 보면서 정리하도록 합니다.

3. 대략적인 수업진행 과정을 정해야 합니다

전체의 내용을 다 강의를 하는 것이 아닙니다. 학생들의 수준을 잘 파악하여 핵심내용을 어떻게 그리고 어느 정도 분량으로 담을지를 미리 정리해야 합니다.

4. 제자훈련생을 위해 기도합니다

훌륭한 강의보다 더 중요한 것이 반원들 한 사람 한 사람을 위한 기도입니다. 선생이 아니라 아비의 마음으로 한 사람 한 사람을 품고 매일 기도해야 합니다. 신앙 인격과 삶의 변화는 인도자의 노력으로 되는 것이 아니라 성령께서 행하시는 역사이기 때문입니다.

5. 훈련생 각자에게 꼭 확인해야 할 것을 메모해 두어야 합니다

선택 질문을 누구에게 할 것인지를 미리 결정해 둡니다. (예를 들면 구원의 확신과 관련이 있는 문제는 그 점에 대해서 불분명해 보이는 ○○○집사에게 질문을 한다고 생각해 놓습니다.) 그리고 답을 통해서 그 사람의 영적 상태를 메모해 둡니다. 이 메모는 인도자 혹은 다른 영적 지도자가 그 사람의 믿음을 세워주는 데 있어서 좋은 참고자료가 됩니다.

주님께서 여러분을 통하여 훈련생을 가르치실 것입니다.

유기남 목사

주 예수님과의 행복한 동행

"한국교회의 문제가 무엇입니까?"라고 질문하면 "교인들의 삶이 변해야 한다. 성경도 많이 알고, 설교는 많이 듣지만 삶이 변하지 않았다!"고 대답합니다. 정확한 진단입니다. 문제는 어떻게 삶이 변하느냐? 하는 것입니다. '삶을 변화시키고 싶지만 안 되는 것을 어떻게 하는가?'에 대한 대답이 필요합니다.

행함을 강조하면 율법주의로 전락하기 쉽습니다. 만약 노력해서 삶이 변화될 수 있다면 십자가가 무슨 소용이 있겠습니까? 예수님에 대해 많이 배우는 것은 매우 중요합니다. 그러나 선행되어야 할 것이 있습니다. 예수님과 친밀히 동행하는 것입니다.

자녀들은 먼저 부모와 관계 속에서 자랍니다. 부모에 대해 아는 것은 나중입니다. 어린아이가 부모에 대해 많이 알고 부모와 관련된 자료를 아무리 많이 가지고 있어도 부모와 함께 살지 않으면 행복하지 못합니다. 예수님에 대해서도 마찬가지입니다.

제자훈련은 주 예수님과 행복한 동행을 하도록 도와줍니다. 친밀한 관계로 나아가도록 이끌어줍니다. 예수님께서 제자들에게 성경통독을 가르치셨을까요? 조직신

학을 가르치셨을까요? 목회학, 설교방법, 전도학을 가르치셨을까요? 마가복음 3장 13~15절은 예수님께서 제자들을 부르신 가장 우선된 목적이 주님과 동행하는 자가 되는 것에 있음을 분명하게 말씀하고 있습니다.

예수님 당시, 예수님을 따르는 무리는 매우 많았습니다. 그러나 그들이 다 제자는 아니었습니다. 얼마만큼 주님과 동행하느냐에 따라 제자의 자격이 달라지기 때문입니다. 곧 제자는 주님과 함께 지내면서 주님을 알고, 주님을 배우는 자입니다.

《예수님의 사람》 제자훈련 교재는 공부하는 스타일의 제자훈련의 한계를 깨뜨려 보려고 시도했습니다. 지적인 접근방법보다는 삶으로 주 예수님과 동행할 수 있도록 돕고 깨닫게 함으로써, 주 예수님께서 우리 삶을 변화시킬 수 있도록 했습니다. 12주 동안의 매우 짧은 기간이지만 그리스도인들로 하여금 예수님과 동행하는 삶을 사는 감각을 깨우쳐주고자 했습니다. 그다음은 주님이 하실 것입니다.

예수님에 대한 바른 지식 이전에 예수님과의 바른 관계를 맺고 사는 것이 예수님을 믿는 삶의 시작입니다. 초대교회가 그랬습니다. 사도행전부터 시작되는 교회 역사를 읽어보면 예수님에 대한 바른 지식과 함께 예수님과 동행함이 있었음을 알 수 있습니다. 사도행전 당시는 지금처럼 성경도 없었고, 바른 신학도 없었고, 정통신앙이라는 것도 없었고, 교회 조직도 없었지만 예수님과의 친밀한 관계 하나만큼은 너무나 분명했습니다. 예수님에 관한 바른 가르침은 매우 중요합니다. 그러나 예수님에 대한 바른 가르침이 우리 자신과 교회의 문제를 해결하는 것이 아님도 알아야 합니다.

지금 시대는 각종 매체를 통하여 수많은 기독교의 가르침이 선포되고 있습니다. 기독교 메시지들이 지금처럼 정확하고 풍성하며 다양하게 퍼부어진 적이 없었습니다. 그러나 또 지금처럼 기독교가 사회에서 매력을 잃어버리고 교회와 그리스도인들이 위기에 처한 적도 없을 것입니다. 예수님에 대한 바른 지식도 중요하지만 그보다 더 중요한 것은 예수님과의 바른 관계입니다. 한국 교회의 문제는 목회자나 교인들 모두 예수님에 대한 바른 지식만 추구하다가 예수님과의 바른 관계를 소홀히 한 것입니다.

많은 그리스도인이 예수님만 믿어서는 부족하다고 생각합니다. 그러나 이 생각은 정말 위험한 생각입니다. 스스로에게 이렇게 질문해 보아야 합니다. "나는 정말 예수님을 믿기는 했었는가?"

예수님께서 놀라운 말씀을 하셨습니다.

내가 진실로 진실로 너희에게 이르노니 나를 믿는 자는 내가 하는 일을 그도 할 것이요 또한 그보다 큰일도 하리니 이는 내가 아버지께로 감이라 요 14:12

예수님을 믿는다는 것이 무엇인지 요한계시록 3장 20절에서 정말 중요한 기준을 제시해 주셨습니다.

볼지어다 내가 문 밖에 서서 두드리노니 누구든지 내 음성을 듣고 문을 열면 내가
그에게로 들어가 그와 더불어 먹고 그는 나와 더불어 먹으리라

우리가 예수님을 믿는다는 것은 인격적인 관계 안에서 예수님을 믿는 것입니다.

내 안에 거하라 나도 너희 안에 거하리라 가지가 포도나무에 붙어 있지 아니하면
스스로 열매를 맺을 수 없음 같이 너희도 내 안에 있지 아니하면 그러하리라
나는 포도나무요 너희는 가지라 그가 내 안에, 내가 그 안에 거하면 사람이 열매를
많이 맺나니 나를 떠나서는 너희가 아무 것도 할 수 없음이라 요 15:4-5

너희는 믿음 안에 있는가 너희 자신을 시험하고 너희 자신을 확증하라
예수 그리스도께서 너희 안에 계신 줄을 너희가 스스로 알지 못하느냐 그렇지 않으면
너희는 버림받은 자니라 고후 13:5

내가 그리스도와 함께 십자가에 못 박혔나니 그런즉 이제는 내가 사는 것이 아니요
오직 내 안에 그리스도께서 사시는 것이라 이제 내가 육체 가운데 사는 것은
나를 사랑하사 나를 위하여 자기 자신을 버리신 하나님의 아들을 믿는 믿음 안에서

이런 믿음을 가질 때 삶이 변화됩니다. 주 예수님이 함께 계심을 아는데 자기 마음대로 살 사람이 누가 있겠습니까? 우리가 정말 힘써야 할 것은 예수님과 행복하게 동행하는 삶을 사는 것입니다.

《예수님의 사람》 다음에 주님이 허락하신 훈련과정이 《예수동행일기》입니다. 주 예수님을 바라보는 눈이 뜨인 후 제 마음의 갈망은 더욱 커졌습니다.

"주님 제가 언제나 주님만 바라보기 원합니다."

그때 주님은 제게 그 방법을 가르쳐주셨습니다. 24시간 주 예수님을 바라보는 일기를 쓰는 것이었습니다. 아우구스티누스, 존 웨슬리, 조나단 에드워드, 데이비드 브레이너드, 스탠리 존스 등 위대한 하나님의 종들은 거의 다 일기를 썼습니다.

저는 《예수님의 사람》 제자훈련과 《예수동행일기》를 통하여 '사람은 변한다!'는 확신을 갖게 되었습니다. 다른 사람을 보고 믿게 된 것이 아니라 저 자신을 보면서 믿게 된 것이니 정말 놀라운 일입니다. 이전에도 성령의 체험과 강렬한 회개, 극적인 결단의 시간이 있었습니다. 그런데 얼마동안 제 삶의 변화가 있었을 뿐이었고, 얼마 못 가서 다시 옛날처럼 돌아가 버렸습니다. 그래서 계속하여 더 뜨겁고 극적인 체험을 갈구했습니다.

그러나 지금은 정말 매순간 예수님의 임재가 느껴집니다. 새벽부터 잠자기까지! 그래서 생활이 완전히 변화되고 있습니다. 저 자신은 변한 것이 없지만 예수님께서 함께하심이 너무나 분명히 믿어지는 것이 달라진 것입니다. 저는 지금 이 시대의 그리스도인들에게 24시간 예수님을 바라보는 믿음의 실험에 참여할 것을 도전하고 있는데 그것은 예수동행일기를 쓰는 것입니다.

이 교재를 공부하면서 주 예수님과 행복한 동행을 할 수 있게 되기를 기도합니다.

유 기 성 목사

1. 왜 제자훈련인가?

《예수님의 사람》 제자훈련은 10명 내외의 인원으로 하게 하는 비효율적인 훈련입니다. 하지만 이것이 예수님의 방법이었습니다.

1) 예수 그리스도의 계획은 사람을 세우는 것이었습니다

예수님께서 이 세상에 오셔서 하나님의 일을 하실 때 제자들을 부르심으로 사역을 시작하셨습니다. 예수님은 책을 쓰거나, 조직을 만들거나, 건물을 세우지 않고 소수의 사람을 택하여 제자로 세우셨습니다. 예수님께서 선택하신 제자들은 평범한 사람들입니다. 그러나 예수님께서 아무나 제자로 부르신 것은 결코 아닙니다. 예수님께서는 분명한 기준을 가지고 제자들을 택하셨습니다. 그것은 가르치기에 좋은 사람인가에 대한 것이었습니다.

2) 예수님께서는 소수의 제자를 선택해 철저하게 훈련시키셨습니다

예수님께서는 직접 가르치고 훈련시킨 소수의 제자들을 남기셨지만 그들에 의해서 세상은 변화되었고, 지금 우리는 전 세계가 복음화 되어 가는 놀라운 결과를 목격하고 있습니다.

어설프게 훈련된 백 사람보다 철저하게 훈련된 한 사람이 더 큰일을 합니다. 어린아이 백 명보다 어른 한 사람이 더 효율적으로 일합니다. 여기에 제자훈련의 철학과 비전이 있습니다. 하나님께서 주목하시는 것은 제자로 훈련된 사람입니다. 사람이 변하면 모든 것이 변합니다. 가정도, 교회도, 학교도, 사회도 모두 변합니다. 하나님 나라는 변화된 사람을 통해 이 땅에 이루어집니다.

3) 제자훈련의 핵심은 예수님과의 인격적인 관계를 훈련하는 것입니다

또 산에 오르사 자기가 원하는 자들을 부르시니 나아온지라 이에

열둘을 세우셨으니 이는 자기와 함께 있게 하시고 또 보내사 전도도 하며

귀신을 내쫓는 권능도 가지게 하려 하심이러라 막 3:13~15

이 말씀을 보면 예수님께서 제자들을 부르신 목적이 세 가지임을 분명히 알 수 있습니다. 첫째, 일평생 주님과 동행하는 사람, 둘째, 복음 전도가 삶의 목적인 사람, 셋째, 귀신을 내쫓는 일, 곧 영적 전쟁에 대한 눈이 열린 사람입니다. 예수님 당시에 예수님을 따르는 무리는 많았습니다. 그러나 그들이 다 제자는 아니었습니다. 예수님의 제자들은 주님과 인격적인 관계를 맺고 예수님과 24시간 동행했습니다. 예수님과 얼마나 가까이 있고 동행하느냐에 따라 제자의 자격이 결정되었다는 뜻입니다. 예수님의 제자훈련 핵심은 예수님과 동행하며 예수님을 알아가는 것이었습니다. 예수님을 인격적으로 만나야 삶의 변화가 일어납니다. 예수님과 인격적으로 교제하고, 동행하는 삶에 눈뜰 때 비로소 하나님께 쓰임 받는 사람이 될 수 있습니다.

2. 제자훈련은 누가 받는가?

제자훈련을 이해하려면 성도들의 믿음이 신앙성장 단계를 거치면서 자란다는 것을 이해해야 합니다. 모든 그리스도인은 보통 다음 다섯 단계를 거치면서 성장합니다.

1단계) 하나님의 존재를 의심하는 수준 : 구원의 확신이 없는 초신자

어떤 의심하는 자들을 긍휼히 여기라 유 1:22

2단계) 자기 문제에만 매달려 있는 수준 : 미숙한 신자

형제들아 내가 신령한 자들을 대함과 같이 너희에게 말할 수 없어서 육신에

속한 자 곧 그리스도 안에서 어린 아이들을 대함과 같이 하노라 내가 너희를

젖으로 먹이고 밥으로 아니하였노니 이는 너희가 감당하지 못하였음이거니와

지금도 못하리라 너희는 아직도 육신에 속한 자로다 너희 가운데 시기와 분쟁이

있으니 어찌 육신에 속하여 사람을 따라 행함이 아니리요 고전 3:1-3

3단계) 남의 문제를 위하여 섬기는 수준 : 은혜를 체험한 자 = 제자훈련 대상

기쁜 마음으로 섬기기를 주께 하듯 하고 사람들에게 하듯 하지 말라 엡 6:7

4단계) 다른 사람을 영적으로 도울 수 있는 수준 : 삶의 우선순위가 분명한 사람

그런즉 너희는 먼저 그의 나라와 그의 의를 구하라 그리하면 이 모든 것을

너희에게 더하시리라 마 6:33

하나님 앞과 살아 있는 자와 죽은 자를 심판하실 그리스도 예수 앞에서 그가

나타나실 것과 그의 나라를 두고 엄히 명하노니 너는 말씀을 전파하라 때를

얻든지 못 얻든지 항상 힘쓰라 범사에 오래 참음과 가르침으로 경책하며

경계하며 권하라 딤후 4:1~2

5단계) 주님을 위하여 순교하는 수준 : 제자훈련의 절정이고 결과

내가 그리스도와 함께 십자가에 못 박혔나니 그런즉 이제는 내가 사는 것이

아니요 오직 내 안에 그리스도께서 사시는 것이라 이제 내가 육체 가운데

사는 것은 나를 사랑하사 나를 위하여 자기 자신을 버리신 하나님의 아들을

믿는 믿음 안에서 사는 것이라 갈 2:20

그러므로 너희는 가서 모든 민족을 제자로 삼아 아버지와 아들과 성령의

이름으로 세례를 베풀고 내가 너희에게 분부한 모든 것을 가르쳐 지키게 하라

볼지어다 내가 세상 끝 날까지 너희와 항상 함께 있으리라 하시니라 마 28:19~20

　핵심은 다음 단계로 자라게 해주어야 한다는 것입니다. 《예수님의
사람》 제자훈련은 대략 3단계에 이른 그리스도인을 제자훈련 받을 사
람으로 선택하게 됩니다. 그러므로 당신은 적어도 이 3단계에 이르렀다
고 인정받은 사람입니다. 그리고 이 제자훈련을 마칠 때, 5단계에 이르
게 될 것입니다. 믿어지지 않을 복음의 능력입니다. 《예수님의 사람》 제
자훈련 과정을 통하여 여러분 모두 주님의 제자가 되시기를 바랍니다.

3. 교재 활용 방법

1) 교재를 매일 한 과씩 스스로 예습합니다

제자훈련 교재는 모두 12단원으로 구성되고 각 단원은 5과로 구성되어 있습니다. 매주 한 단원을 훈련생 각자가 매일 한 과씩 5일 동안 예습합니다. 6일째는 5일 동안 예습한 내용을 〈소그룹 나눔〉란에 다시 정리하며 제자훈련 반에서 함께 훈련받을 준비를 합니다.

2) 이 책은 시작부터 끝까지 각 개인이 읽으면서 훈련할 수 있도록 구성되어 있습니다

그러나 교재를 단순히 읽는 것만 목표로 해서는 안 됩니다. 내용을 공부하면서 성경의 원리를 생활 속에 적용해야 합니다. 이 목표를 이루기 위해서는 시간과 인내가 필요합니다. 이 교재를 공부하면서 당신 안에 거하시는 예수님을 인격적으로 알게 될 것입니다.

각 단원이 시작되기 전 QR코드를 통하여 핵심영상강의를 시청할 수 있습니다. 단원의 핵심내용을 파악하고 읽어나갈 때 훨씬 더 쉽게 이해할 수 있습니다. 또한 소그룹 모임까지 마친 후에 다시 한 번 강의를 시청하면서 단원을 정리하여 자신의 것으로 만들 필요가 있습니다.

3) 어떤 질문도 건너뛰면 안 됩니다

교재의 질문에 답하기 위해서는 성경을 찾아 읽고 깊이 생각해야 합니다. 많은 부분이 기도와 묵상, 성경공부를 통해서 하나님과 교제하도록 이끌어줄 것입니다. 이 질문들을 지나쳐버린다면 하나님께서 당신의 인생을 근본적으로 변화시키려는 기회를 놓칠지도 모릅니다.

성경을 찾아 답을 써야 하는 질문은 질문 바로 뒤에 정답과 설명이 나옵니다. 그때 답을 맞추어보십시오. 명심할 것은 항상 정답을 확인하기 전에 먼저 자신의 답을 쓰는 것입니다. 어떤 경우에는 당신의 생각과 의견을 묻는 질문도 있습니다. 그런 질문은 정답이 없음으로 솔직하게 자신의 의견과 생각을 표현하는 것이 중요합니다.

4) 은혜 받은 부분이나 궁금한 부분을 기록하십시오

교재를 예습하면서 느낀 바를 그때그때 기록하십시오. 하나님께서는 한 단원에서도 여러 개의 배울 점을 주실 수 있습니다. 작은 것 하나라도 놓치지 않고 복습할 수 있도록 반드시 기록하십시오. 또 예습하다가 이해되지 않거나 궁금한 것이 있으면 기록했다가 제자훈련 반에서 강사에게 질문하여 궁금증을 해결하는 것이 좋습니다.

5) 정해진 제자훈련 모임에 꼭 참석하여 훈련을 받습니다

이 시간은 훈련생들이 한 주간 동안 각자가 예습하면서 받은 은혜와 결단을 함께 나누고 깨달은 것들을 일상의 삶에 적용하는 시간입니다. 다른 훈련생들과 함께 공부하면서 서로가 하나님의 뜻을 더 분명히 깨닫고 이해하는데 큰 도움을 받을 것입니다.

4. 온라인을 활용한 개인훈련 방법

소그룹 모임이 어려운 경우에도 다양한 방법으로 제자훈련을 진행할 수 있습니다.

1) 혼자 진행할 경우
- 각 단원별 시작 부분에 있는 핵심영상강의 내용을 시청합니다.
- 매일 한 과씩 월~금까지 교재 예습을 진행합니다.
- 매일 묵상 질문에 따라 하루의 실천사항을 점검합니다.
- 매일 저녁 '예수동행일기 앱'에 묵상에 따른 순종과 실천사항을 기록합니다.
- 토요일에는 각 단원별 〈소그룹 나눔〉에 예습한 내용을 다시 한 번 정리하여 기록합니다.
- 주일에는 '예수동행일기' 나눔방에서 댓글을 달아주고, 교제하는 시간을 갖습니다.

  ※ 예수동행일기 나눔방은 앱에서 '도움신청'을 통해 배정받을 수 있습니다.

2) 부부 또는 2~3명이 진행할 경우
- 각 단원별 시작 부분에 있는 핵심영상강의 내용을 시청합니다.
- 매일 한 과씩 월~금까지 교재 예습을 진행합니다.
- 매일 묵상 질문에 따라 하루의 실천사항을 점검합니다.
- 매일 저녁 '예수동행일기 앱'에 묵상에 따른 순종과 실천사항을

기록합니다.
- '예수동행일기 앱'에 함께하는 분들과 나눔방을 개설합니다.
- 토요일에는 각 단원별 〈소그룹 나눔〉에 예습한 내용을 다시 한 번 정리하여 기록합니다.
- 주일에는 함께 모여 〈소그룹 나눔〉 내용에 따라 한분이 인도하여 모임을 진행합니다.
- 주일 저녁에 '예수동행일기' 나눔방에서 댓글을 달아주고, 교제하는 시간을 갖습니다.

3) 온라인 소그룹을 진행할 경우
- 각 단원별 시작 부분에 있는 핵심영상강의 내용을 시청합니다.
- 매일 한 과씩 월~금까지 교재 예습을 진행합니다.
- 매일 묵상 질문에 따라 하루의 실천사항을 점검합니다.
- 매일 저녁 '예수동행일기 앱'에 묵상에 따른 순종과 실천사항을 기록합니다.
- '예수동행일기 앱'에 함께하는 분들과 나눔방을 개설합니다.
- 토요일에는 각 단원별 〈소그룹 나눔〉에 예습한 내용을 다시 한 번 정리하여 기록합니다.
- 주일에는 온라인 화상회의가 가능한 앱 또는 프로그램을 이용하여 온라인으로 〈소그룹 나눔〉을 진행합니다.
- 주일 저녁에 '예수동행일기' 나눔방에서 댓글을 달아주고, 교제하는 시간을 갖습니다.

제자훈련 소그룹 인도,
어떻게 준비할 것인가?

예수님의 사람 제자훈련의 소그룹 인도자로 세워졌다면 함께하는
제자훈련 반원들이 예수님의 사람으로 세워질 수 있도록 아래의 내용을
숙지하시는 것이 필요합니다.

1. 제자훈련 비전의 공유

예수님의 사람 제자훈련의 철학은 예수님과의 인격적인 관계에 있
습니다. 예수님을 바라보고 동행하는 사람을 세우고, 교회를 세우고자
하는 것이 제자훈련의 비전입니다.

우선 제자훈련 인도자가 이 철학과 비전에 동의해야 합니다. 그 다
음은 제자훈련 과정을 통하여 제자훈련 받는 분들이 이 철학과 비전
을 공유하도록 인도해야 합니다.

2. 정직하게 반응하기

《예수님의 사람》 제자훈련 교재는 단순히 성경에 대한 지식을 전달
하려는 목적을 가지고 있지 않습니다. 이 교재는 공부하는 사람들의
삶의 변화를 위해 계획되었습니다. "삶의 변화를 목적으로 한다."는 이
원칙은 인도자 자신에게도 동일하게 적용되어야 합니다.

교재의 내용을 훈련생들에게 가르치려고 애쓰기 전에 인도자 자신도 먼저 정직하게 반응해 보시기 바랍니다. 교재에서 말하고 있는 것들에 자신의 모습을 비추어 보고, 교재가 요구하고 있는 결단과 변화가 먼저 경험되어야 합니다. 그리고 그것을 반원들과 함께 나누십시오. 교재의 인도자 지침 중 먼저 자신의 삶을 나누라는 내용이 있습니다. 그것이 제자훈련을 가장 훌륭하게 인도하는 길이 될 것입니다.

3. 개인에 대한 관심과 사랑

> 유월절 전에 예수께서 자기가 세상을 떠나 아버지께로 돌아가실 때가
>
> 이른 줄 아시고 세상에 있는 자기 사람들을 사랑하시되 끝까지 사랑하시니라
>
> 요 13:1

예수님의 제자들이 제자가 될 수 있었던 것은 이 말씀 때문일 것입니다. 제자훈련을 할 때 '이 사람이 어떻게 변할까? 교회를 위해서 어떤 일을 할 수 있을까?' 하는 것보다 개인에 대한 관심과 사랑이 우선해야 합니다. 기능이나 능력이 아니라 예수님께서 하셨던 것처럼 사람 자체에 관심을 가져야 합니다.

4. 철저하게 그러나 융통성 있게

제자훈련은 훈련이라는 단어가 의미하는 것처럼 철저함이 필요합니

다. 제자훈련에 대한 헌신을 요구하고 출석과 예습, 과제를 철저하게 점검할 필요가 있습니다. 출석 상황이 좋지 않고, 예습이 불량할 경우에는 탈락시킬 필요도 있습니다. 형식적으로 제자훈련을 마치는 것보다는 그렇게 하는 것이 그 사람에 유익하기 때문입니다. 그러나 어떤 경우에는 수용하고 끝까지 인내하며 끌고 가야 할 경우도 있습니다. 목회적인 판단에 따라 융통성을 발휘해야 합니다.

5. 신뢰 없이는 제자훈련도 없다

제자훈련은 신뢰를 기반으로 합니다. 신뢰가 깨지면 제자훈련도 없습니다. 일반적으로는 제자훈련의 날짜와 시간, 장소 같은 것이 일정해야 합니다. 제자훈련 인도자에 의해 시간이 변경되지 않도록 해야 하며, 약속된 시간을 잘 지켜야 합니다. 조금 아쉬움이 있더라도 예정된 시간 안에 제자훈련을 마치도록 해야 합니다.

특히 제자훈련 그룹 안에서 마음을 열고 진솔한 나눔이 이루어지기 위해서는 안전한 공동체를 만들어야 합니다. 제자훈련 그룹 안에서 개인적으로 나눈 이야기들이 밖으로 흘러나가서는 안 됩니다.

대부분의 사람들이 다른 사람 이야기하는 것을 좋아하기 때문에 이 부분에 상당한 주의를 기울여야 합니다. 오리엔테이션 때 비밀을 보장하고, 신의를 지키겠다는 서약을 했다는 것을 지속적으로 상기시켜 주어야 합니다.

6. 소그룹 나눔이 중심되도록

제자훈련 인도자들에게 다시 한 번 강조하고 싶은 부분입니다. 《예수님의 사람》 제자훈련의 핵심은 지식을 전달하는 강의가 아니라 소그룹 나눔에 있습니다. 제자훈련은 훈련생 스스로 예습을 충실하게 했다는 것을 전제로 합니다. 그러므로 교재의 내용을 세세하게 다룰 필요도 없고, 사실은 그럴 만한 시간도 없습니다. 강의는 단원마다 있는 핵심내용 요약을 간단히 읽어주는 정도로 하고, 교재에 나와 있는 질문을 중심으로 훈련생들이 마음을 열고 자신의 이야기를 할 수 있도록 배려해야 합니다.

정말 탁월한 인도자는 교재의 내용을 잘 전달하는 사람이 아니라 소그룹 나눔이 활발하게 일어나도록 인도하는 사람입니다. 훈련생들은 자신의 이야기를 하면서 스스로 정리하고, 또 결단하게 됩니다. 뿐만 아니라 다른 사람의 이야기를 들으면서 간접적으로 배우게 됩니다. 소그룹 나눔은 스스로 배우고 상호작용을 통해서 배우게 하는 최선의 방법이라는 점을 기억해야 합니다.

7. 각 단원별 핵심주제를 꼭 이해하도록

각 단원마다 앞부분에 핵심영상강의를 듣고 시작할 수 있도록 QR코드를 넣어두었습니다. 제자훈련 나눔 중에 단원에 대한 이해가 부족하다고 생각될 경우, 소그룹 모임 후 핵심영상강의를 다시 한 번 들으시고 정리하도록 권면해 주시기 바랍니다.

8. 교재의 철저한 연구

인도자가 목회자라면 교재의 내용이 어렵게 느껴지지 않을 것입니다. 그러나 교재의 내용을 알고 있는 정도의 수준으로는 제자훈련을 인도하기 어렵습니다. 교재의 내용을 철저히 파악하고 있어야 합니다. 자신의 삶이 교재 안에 녹아들어야 합니다.

먼저 제자훈련 훈련생이 된 심정으로 교재를 읽으며 모든 질문에 대해 인도자 자신의 답을 적으십시오. 교재의 내용 중 중요하다고 생각되는 내용들에 표시를 해두시기 바랍니다. 추가적인 설명이 필요하다고 판단되거나, 교재의 내용을 효과적으로 설명할 수 있는 아이디어가 떠오른다면 교재의 여백에 적어놓았다가 설명해 주셔도 좋습니다.

9. 씨 뿌리는 자의 마음으로

마지막으로 부탁드리고 싶은 것은 제자훈련의 결과에 대하여 쉽게 단정하거나 포기하지 말라는 것입니다. 결과가 좋을 수도 나쁠 수도 있습니다. 최선을 다해서 제자훈련을 인도했지만 가시적인 성과가 없을 수도 있습니다.

단기적으로 사람들이 얼마나 변할 것인가, 교회에 어떤 도움이 될 것인가에 관심을 가지면 제자훈련을 지속할 동기를 잃어버리게 됩니다.

제자훈련은 단순한 프로그램이 아니라 사람을 세우고 교회를 세우는 철학입니다. 단기적으로는 성과가 없는 것처럼 보여도 장기적으로 한다면 교회의 영적인 체질이 바뀌게 됩니다.

때로는 씨를 뿌리지만 열매를 바로 얻을 수 없을 때도 있습니다. 이때를 잘 기다리며 진행해 나간다면 예수님의 이끄시는 교회, 예수님이 기뻐하시는 교회로 세워져 갈 것입니다.

차례

1

십자가의
능력

십자가의 도가 멸망하는 자들에게는 미련한 것이요
구원을 받는 우리에게는 하나님의 능력이라

고린도전서 1:18

1단원 핵심영상강의
youtu.be/ZfSj5n49-Og

소그룹
나눔 | 인도자용

마음열기
(7분)

- 찬양 : 구주의 십자가 보혈로(250장), 예수 피를 힘입어
- 기도 : 미리 정해진 순서에 따라 모임을 위해 기도합니다.

과제점검
(3분)

- 출석체크, 예습, Q.T여부, 기도생활
- 성경암송 점검 – 고린도전서 1:18

  십자가의 도가 멸망하는 자들에게는 미련한 것이요

  구원을 받는 우리에게는 하나님의 능력이라

도입질문 및
각 과별 진행
(100분)

Q. 주위의 믿지 않는 사람들이 여러분을 어떻게 생각하고 있는 것 같습니까?

교회에 다니는 사람입니까? 예수님을 믿는 사람입니까?

스스로 점검해 보고 대답해주세요.

◎ 반원들의 나눔이 끝나면 "우리 중에 어떤 분은 '교회만 다니는 사람인 것 같다.'고 솔직하게 말씀해주셨습니다. 그러면 어떻게 예수 믿는 사람이 될 수 있을까요?"라고 말하면서 자연스럽게 1과로 넘어갑니다.

01
십자가의 능력이
무엇인가?

Q. 여러분에게 예수님의 십자가는 어떤 능력입니까? 솔직하게 쓰세요.

◐ 모든 반원들이 나누기보다는 한 가지 질문을 2-3명씩 나누게 하십시오.
이 질문에 대답할 때 반원들은 자연스럽게 자신의 신앙 생활에 대한 문제의식을 갖게 될 것입니다.

**핵심
요약**　믿는 자에게 약속하신 삶이 바로 십자가의 능력을 누리는 삶입니다. 그 능력이 우리 삶을 놀랍게 변화시킵니다. 아무런 부족함도 느끼지 못할 정도로 만족하게 합니다. 주위에 엄청난 영향력을 끼칩니다. 시험을 만날 때 넉넉히 이기게 합니다.

하나님께서는 단순히 교회에 다니는 사람을 쓰시지 않습니다. 하나님께서 주목하시는 사람은 정말 예수 믿는 사람, 곧 십자가의 도가 하나님의 능력임을 아는 사람입니다.

02
죄를 깨닫게 하는 능력

◐ 반원들에게 나눔을 요청하기 전에 인도자 자신의 경험을 먼저 나누는 것이 좋습니다.

Q. 여러분 자신이 지옥에 갈 죄인이라는 사실을 깨달았습니까? 그때가 언제였습니까?

핵심 요약 내가 지옥에 갈 죄인이라는 사실을 깨닫게 해주는 것이 십자가의 능력입니다. 십자가의 예수님을 인격적으로 만나야 자신의 죄를 깨달을 수 있습니다. 자신의 죄를 깨닫는 것이 거듭남의 시작이며, 제자 됨의 시작입니다.

03
남을 정죄할 자격이
없다

Q. 여러분은 지금까지 자신보다 더 악질인 사람을 본 적이 있습니까? 더 악
질인 사람이 있다면 누구인지 생각나는 대로 써보세요.

Q. 오늘 새롭게 깨달은 자신의 죄는 무엇입니까?

⊙ 많은 사람들이 자신을 죄
인이라고 생각은 하지만 마
음속 깊은 곳에서는 자신보
다 악질인 사람이 많다고 생
각합니다. 이것은 십자가의
능력을 깊이 깨닫고 있지 못
함을 말합니다.
바울이 어떻게 자신을 '죄인
중에 괴수'라고 말하게 되었
는지를 설명해주십시오.

⊙ 모든 반원들이 이 질문에
대해 나누도록 합니다.

핵심
요약
십자가에 눈이 뜨인 사람은 누구도 자기를 의롭다고 생각하지 않습니다. 바울
도 자신을 죄인 중에 괴수라고 고백했습니다. 나보다 더 악질인 사람은 없습니
다. 내 죄를 위해 주님이 십자가를 지셨기 때문입니다. 그래서 남을 정죄할 수
없습니다.
예수님을 만나면 다른 사람들에 대해 가지고 있던 마음의 돌이 내려놓아집니다.

04
믿어지는
하나님의 은혜

◑ 여전히 눈에 보이는 것들이 복이라고 생각하는 사람들이 있을 것입니다. 그러나 하나님께 서는 이미 우리에게 가장 큰 복(속죄의 은혜)을 주셨고, 그것은 십자가에서 확증된 것임을 설명해주십시오.

Q. 여러분은 예수님을 믿고 난 후 여러분이 받은 복은 무엇입니까?

Q. 여러분은 하나님의 십자가의 사랑을 누리며 살고 있습니까? 만약 여러분이 자신이 행복한 사람이라고 느끼지 못하고 있다면 그 이유는 무엇입니까?

핵심 요약 십자가의 능력은 하나님께서 나를 사랑하신다는 것이 믿어지는 것입니다. 천국에 가면 죄를 용서받은 속죄의 은혜가 가장 큰 복임을 알게 됩니다. 물질의 복, 건강의 복, 성공의 복이 다 귀하지만 죄 사함의 복보다 더 귀한 복은 없습니다.

05
축복의
확신

Q. 그동안 늘 받고 살아왔지만 오늘 새롭게 깨달은 하나님의 은혜와 복이
   있습니까?

○ 1단원을 마치면서 반원들 마음속에 아직 해결되지 않는 죄책감이 있다면 그것을 십자가 앞에 꺼내놓도록 초청하십시오. 그리고 그들이 십자가에서 확증된 용서와 사랑을 받아들일 수 있도록 도와주십시오.
강조점은 죄가 아니라 하나님의 사랑입니다. 모든 반원들이 나누도록 합니다.

**핵심
요약**　하나님의 사랑은 환경을 통해 확인해야 알 수 있는 것이 아니라 이미 확증된 진리입니다. 십자가는 하나님의 사랑을 나타내는 분명한 증거입니다. 그래서 십자가의 능력은 나를 복 주시는 하나님의 사랑을 확신하게 합니다. 축복의 믿음을 가질 때부터 그 믿음은 능력이고 기적이 됩니다. 두려운 것도 염려도 사라집니다. 이 믿음에서 진정한 감사가 나옵니다.

마무리
(10분)

1. 함께 기도하기

   • 개인 기도제목을 나눕니다.

   • 인도자가 단원 주제에 맞는 기도제목을 제시하고

     개인 기도제목과 함께 기도합니다.

   • 인도자가 마무리 기도하고 주기도문으로 마칩니다.

2. 광고

   • 다음 모임에 대한 안내와 다음 주 공부할 단원을 짧게 소개합니다.

   • 성경암송 과제는 고린도후서 13:5 입니다.

   • 2단원 5과 〈성령께서 우리 안에 계신 증거〉 중에 전도에 관한

     내용이 나옵니다. 다음 모임 전까지 1명 이상에게 복음을 전하도록

     과제를 내줍니다.

2

내 안에 계신
예수 그리스도

너희는 믿음 안에 있는가
너희 자신을 시험하고 너희 자신을 확증하라
예수 그리스도께서 너희 안에 계신 줄을
너희가 스스로 알지 못하느냐
그렇지 않으면 너희는 버림받은 자니라

고린도후서 13:5

2단원 핵심영상강의
youtu.be/k27To8JcMr0

소그룹
나눔 | 인도자용

마음열기
(7분)

- 찬양 : 주와 같이 길 가는 것(430장), 나의 안에 거하라
- 기도 : 미리 정해진 순서에 따라 기도

과제점검
(5분)

- 출석체크, 예습, Q.T여부, 기도생활
- 성경암송 점검 – 고린도후서 13:5

  너희는 믿음 안에 있는가 너희 자신을 시험하고 너희 자신을 확증하라

  예수 그리스도께서 너희 안에 계신 줄을 너희가 스스로 알지 못하느냐

  그렇지 않으면 너희는 버림받은 자니라

- 한 주간 한 명이상 전도했는지 점검합니다. 5과에서 다시

  다룰 예정이므로 확인만 합니다.

도입질문 및
각 과별 진행
(98분)

Q. 어떤 상황에서 하나님께서 자신에게 말씀하셨다고

   느껴본 적이 있습니까?

❍ 이 질문은 예수님과 인격적인 교제를 하고 있는 확인하기 위한 질문입니다. 다양한 대답이
나올 수 있으므로 교재에 기록한 대로만 대답하도록 인도하고, 곧바로 1과를 진행하십시오.

01
나도 너희 안에 거하리라

Q. 여러분은 "예수님은 제 안에 계십니다."라고 고백할 수 있습니까?

Q. 예수님께서 여러분 안에 계시지 않다고 생각된다면 그 이유를 써보세요.

◐ 이 세 가지 질문은 예수님과 인격적으로 교제하고 있는지를 알게 해주는 중요한 질문입니다. 예수님과 인격적인 교제를 나누려면 예수님이 자신 안에 계신다는 확신이 필요하다는 것과 느낌이나 감정에 의지하면 바른 확신을 가질 수 없다는 것을 설명해주십시오.

◐ 1번 질문을 진행하실 때 질문이 요구하고 있는 것처럼 실제 손을 얹고 잠시 예수님이 자신 안에 계신지 묵상하는 시간을 가지십시오.

● 예수님께서 우리 안에 계시다는 것은 그저 생각만의 문제가 아닙니다. 예수님께서 정말 자신 안에 계신 것을 알고 있는 사람이라면 그 사실을 삶 속에서 구체적으로 경험하기 마련입니다. 나눔 후에 그와 같은 사실을 강조해주십시오.

Q. 만약 예수님께서 여러분 안에 계신다면 그렇게 믿는 증거는 무엇입니까?

Q. 여러분은 다른 사람을 의식하는 것처럼 예수님께서 언제나 여러분과 함께하신다는 사실을 의식하며 살고 있습니까?

핵심 요약

우리가 예수님을 영접할 때 예수님은 우리 안에 오셔서 우리와 함께 계십니다. 문제는 우리 안에 예수님께서 계시는데 삶의 변화가 없다는 것입니다. 불평, 원망, 걱정, 염려가 그대로 있습니다. 죄의 유혹 앞에 무너집니다. 그 이유는 예수님이 내 안에 계신 것을 진짜 믿지 않기 때문입니다. 예수님을 구주로 영접한 사람은 예수님께서 언제나 함께 계십니다. 이 사실을 믿는 사람만이 거룩한 삶을 살 수 있습니다. 항상 예수님을 바라봄으로 예수님이 우리 안에 계신 것을 아는 사람만이 거룩하게 살 수 있습니다.

02
우리는
고아가 아니다

Q. 여러분은 지금까지 어떤 방법으로 주님이 함께 계시고 역사하신다는 사
실을 확인하려고 했습니까? 그것이 주님과의 관계에 어떤 영향을 미쳤는
지 써보세요.

◑ 예수님이 우리 안에 계신 것을 어떻게 알 수 있는가를 질문하십시오.
나눔 후, 믿는 자 안에는 예수님의 영이신 성령이 내주하신다는 것과 성령이 우리 안에 계시다는 것은 체험이 아니라 말씀으로 확인해야 한다는 점을 확실히 이해시키는 것이 필요합니다.

**핵심
요약** 예수님은 하나님 보좌에 우편에 앉아 계시지만, 성령의 임재를 통하여 우리 안에 오셨습니다. 우리가 확증하고 살아야 할 것은 예수님께서 내 안에 계신 것입니다. 우리 안에 계신 예수님을 바르게 확증할 수 있는 방법은 하나님의 말씀입니다. 말씀을 통해서 주님을 알게 되면 내 감정이나 체험에 상관없이 예수님이 나와 함께 계신 것을 알게 됩니다.

03
성령께서
우리 안에 계신 증거 1

Q. 고린도전서 12:3과 요한일서 4:15에서 예수님을 '주'라고 고백하는 것은 누구 때문이라고 했습니까?

◐ "언제부터 아버지라고 부르는가?" 하는 질문은 곧 하나님과의 관계가 언제부터 변화되었는지를 함께 나누라는 의미입니다.
인도자는 '아버지'라는 호칭이 하나님과의 친밀함에서 나오는 것인지, 아니면 습관적인 것인지 확인할 필요가 있습니다.

Q. 여러분은 하나님을 '아버지'라고 자연스럽게 부릅니까? 언제부터 하나님을 아버지라고 분명히 부르게 되었습니까?

Q. 어떤 순간에 하나님께서 주시는 은혜를 느낍니까? 여러분이 하나님의 은혜라고 여기는 것을 모두 써보세요.

_____

_____

_____

_____

_____

_____

_____

_____

_____

◐ 예수님이 우리 안에 계시다는 것을 올바르게 알 수 있는 방법은 느낌이나 체험이 아니라 말씀으로 자신의 모습을 비추어보는 것이라는 점을 확실히 해야 합니다. 3과부터 5과까지 여섯 가지 확인 방법이 나오는데, 반원들과 함께 한 가지씩 차근차근 점검해 나가십시오.

핵심 요약

1. 예수님을 주님으로 고백합니다(고전 12:3, 요일 4:15).어떤 상황에서도 예수님을 주님이라고 고백하는 것은 성령이 계신 확실한 증거입니다.

2. 하나님을 아버지라고 부릅니다(롬 8:5-16). 성령을 받지 못한 사람은 비록 창조주 하나님의 존재를 인정하더라도 절대로 하나님을 아버지라 부르지 못합니다.

3. 하나님께서 주시는 은혜를 깨닫습니다(고전 2:12). 평소에 하나님의 은혜라고 깨닫지 못하던 많은 것이 성령을 통해서 은혜임을 깨닫게 됩니다.

04
성령께서
우리 안에 계신 증거 2

◐ 용서하고 싶은데 아직 용서하지 못하는 것과 용서할 마음조차 없는 것은 전혀 다른 것입니다.
성령께서 내주하시는 사람이라면 용서해야 한다는 생각, 용서하고 싶은 마음이 생길 것입니다. 그것 자체가 성령의 역사이지만 실제적으로 용서하기 위해서는 반드시 기도해야 함을 강조할 필요가 있습니다. 기도 후에 무엇이 달라졌는지 함께 나누십시오.

Q. 아직도 용서하지 못하는 사람이 있습니까? 그 사람을 위하여 기도하면 어떤 마음이 듭니까?

_____

_____

_____

_____

Q. 지금 여러분이 느끼는 성령의 근심은 무엇입니까? 생각나는 대로 다 써 보세요.

◐ 인도자 자신에게 느껴지는 것이 있다면 먼저 나누십시오. 반원들도 여러 가지 내면적인 갈등들에 대해 이야기 할 것입니다. 그것 자체가 성령이 내주하신다는 증거라는 것, 그러나 그런 갈등을 지속하는 것은 성령의 뜻이 아님을 말씀해주십시오.

_____

_____

_____

_____

_____

핵심
요약

4. 용서와 사랑의 마음이 생깁니다(요일 4:12-13). 예수님을 믿는 사람은 어떤 사람이든지 용서하고 사랑해야 한다는 명령을 받게 됩니다.

5. 성령의 근심하심을 깨닫습니다(엡4:30). 우리가 그분을 기쁘게 하지 못하더라도 그분은 우리를 절대 떠나시지 않습니다. 그 대신 우리 안에서 근심하면서 그 근심을 우리에게 깨닫게 해주십니다.

05
성령께서
우리 안에 계신 증거 3

Q. 여러분은 하나님과 교회를 위하여 어떤 소원을 가지고 있습니까?

⊙ 하나님과 교회를 위하여 무엇을 하고 싶은 생각이 들었다면 성령께서 주신 그 마음을 지나치지 말고 순종하도록 요청하십시오.

Q. 전도하고 싶은 마음이 들었던 적이 있습니까? 여러분은 그 마음에 어떻게 반응했습니까?

⊙ 평상 시 전도에 대한 마음이나 과제 점검 시 나누지 않았던 느낌이나 생각들을 이곳에서 나누도록 합니다.

○ 이제는 예수님께서 여러 분과 함께 계신다고 분명히 답할 수 있겠습니까? 말씀으로 확인하게 되니 어떻습니까? 질문에 답하도록 하고 그 감격을 함께 나누도록 합니다.

Q. 여러분은 예수님께서 나와 함께 계신다고 고백할 수 있습니까? 깨달은 것을 써보세요.

_____

_____

_____

_____

_____

_____

_____

핵심 요약

6. 하나님의 소원을 품습니다(빌2:13). 성령을 받은 사람은 하나님을 기쁘게 해드리고자 하는 소원을 스스로 갖게 됩니다. 우리가 하나님과 교회를 위하여 헌신의 마음을 갖게 되는 것은 전적으로 성령의 역사입니다

7. 전도할 마음이 생깁니다(행1:8). 예수님께서는 성령을 받으면 예수님의 증인이 될 것이라고 말씀하셨습니다. 성령은 예수님을 증거 하시는 분이기 때문입니다.

성령께서 우리 안에 계신 증거는 하나를 통해서 알아볼 것이 아니라 전체적으로 분별해야 합니다.

마무리
(10분)

1. 함께 기도하기

   • 개인 기도제목을 나눕니다.

   • 인도자가 단원 주제에 맞는 기도제목을 제시하고

     개인 기도제목과 함께 기도합니다.

   • 인도자가 마무리 기도하고 주기도문으로 마칩니다.

2. 광고

   • 다음 모임에 대한 안내와 다음 주 공부할 단원을 짧게 소개합니다.

   • 성경암송 과제는 요한일서 1:9 입니다.

3

회개의
기쁨

만일 우리가 우리 죄를 자백하면
그는 미쁘시고 의로우사 우리 죄를 사하시며
우리를 모든 불의에서 깨끗하게 하실 것이요

요한일서 1:9

3단원 핵심영상강의
youtu.be/7T6aMw283Zc

소그룹
나눔 | 인도자용

마음열기
(7분)

- 찬양 : 죄에서 자유를 얻게 함은(268장), 정결한 마음 주시옵소서
- 기도 : 미리 정해진 순서에 따라 기도

과제점검
(3분)

- 출석체크, 예습, QT여부, 기도생활
- 성경암송 점검 : 요한일서 1:9

  만일 우리가 우리 죄를 자백하면 그는 미쁘시고 의로우사

  우리 죄를 사하시며 우리를 모든 불의에서 깨끗하게 하실 것이요

도입질문 및
각 과별 진행
(100분)

Q. 자신의 잘못을 고백한 적이 있습니까?

　그때 감정을 나누어주세요.

01
정죄와
징계

Q. 여러분이 죄 때문에 누리지 못한 하나님의 은혜는 무엇입니까? 그것이 회복되었습니까?

◑ 구원받는 그리스도인은 날마다 회개를 통해 죄와 싸워야 하고, 예수님의 보혈을 의지하여 승리를 선포해야 함을 강조하십시오.

핵심 요약 죄를 지으면 불신자는 정죄를 받지만 그리스도인들은 징계를 받습니다. 징계를 통해 죄를 깨닫게 하시고 회개하게 됩니다. 회개를 통해 그동안 하나님께서 주시고자 했지만 주시지 못한 은혜와 복을 누리게 됩니다. 그래서 징계는 복입니다.

02
죄를 이기는
능력

● 반원들에게 아직도 해결되지 않은 채 숨겨져 있는 죄가 있는지 솔직하게 고백할 수 있도록 인도하십시오. 인도자 자신의 경험을 먼저 고백하는 것도 좋은 방법입니다.

Q. 여러분은 죄를 짓고도 회개하지 않고 넘어갔던 일이 있었습니까? 만약 있다면 그 이유는 무엇입니까?

핵심 요약 노력해서는 죄를 이길 수 없고 회개를 통해서 이길 수 있습니다. 진정한 회개는 예수님과의 관계 안에서 이루어집니다. 진정한 회개는 예수님을 바라보는 것입니다. 예수님이 나와 함께하시는 것을 분명히 아는 사람은 계속해서 회개의 삶을 살게 됩니다. 그래서 회개는 결국 우리로 하여금 죄를 이기게 합니다.

03
하나님의
완전한 용서

Q. 여러분의 회개는 죄를 이기는 능력입니까? 그렇지 못하다면 문제가 무엇이라고 생각합니까?

○ 회개는 고통이 아니라 예수님을 만나는 것이기 때문에 기쁨이라는 것을 설명하고, 진정으로 회개할 때 용서받은 감격과 평안을 누릴 수 있음을 강조해주십시오.

핵심 요약 하나님은 우리가 회개하면 몇 번이고 용서해 주신다고 약속하셨습니다. 이 약속이 죄를 이길 힘입니다. 회개는 고통스러운 것이 아니라 기쁨입니다. 회개를 통해 예수님을 만나기 때문입니다. 그래서 늘 주님을 바라봐야 합니다. 그러면 죄의 유혹을 이기고 경건하게 살 수 있습니다.

04
회개와
죄의 고백

우리에게 정말 죄의 문제를 해결하고자 하는 마음이 있느냐 하는 것이 중요합니다. 정말 죄의 문제를 해결하기를 원한다면 죄를 서로 고백해야 한다는 점을 강조해 설명할 필요가 있습니다.

Q. 다음 질문에 답을 써보세요.

1. 지난 모임 이후 어떤 죄를 범했습니까?

2. 어떤 유혹을 받았습니까?

3. 어떻게 그 유혹에서 벗어났습니까?

4. 그것이 죄인지 아닌지 확실하지 않은 어떤 생각과 행동이 있었습니까?

---

5. 여러분에게는 숨기기를 원하는 어떤 비밀도 없습니까?

핵심
요약
주님 앞에 죄를 고백했다면 다른 사람 앞에서 죄를 고백하는 것이 더 이상 문제
가 되지 않습니다. 그 죄의 고백이 은밀한 죄를 이기게 합니다. 또한 공동체 안
에서 서로 죄를 고백하고 회개함으로 주님과 더 깊은 관계로 나아갈 수 있도록
서로 돕게 됩니다.

05
회개에도
기회가 있다

🔴 학생용 교재 153-155쪽에 나와 있는 항목들을 점검한 결과에 대해 나누게 하십시오. 반원들은 죄인 줄도 모르고 지었던 죄, 회개하지 않고 무심코 지나친 죄들이 얼마나 많은지 보게 될 것입니다.
나눔이 끝나면 기도문을 반원들과 함께 읽으며 기도하십시오.

Q. 점검 항목을 점검한 결과를 통해 느끼고 깨달은 것을 써보세요.

_____

_____

_____

_____

사랑의 하나님,

저에게 이처럼 많은 죄가 있었음을 깨닫고 회개합니다.

제가 분명히 이상과 같은 죄를 지었음을 솔직히 고백합니다.

이 죄들은 마땅히 죗값을 치러야 할 것들임을 인정합니다.

이 시간 애통하는 마음으로 오직 죄를 사하시는

은총의 하나님을 바라봅니다. 우리의 죄를 사하시기 위하여

흘려주신 예수 십자가 보혈과 우리를 모든 죄에서

깨끗하게 하시겠다는 약속의 말씀을 의지합니다.

이제 진실한 마음으로 저의 죄를 고백하며

이 모든 죄에서 떠나기를 소원하오니

예수님의 십자가 보혈로 모든 죄에서 깨끗하게 하여 주옵소서.

예수님의 이름으로 기도합니다. 아멘

핵심 요약   회개에도 기회가 있습니다. 하나님께서 심판을 미루시는 까닭은 회개의 기회를 주시기 위함입니다. 그 기회를 놓치지 않고 붙잡을 때 복의 길이 열립니다.

마무리
(10분)

1. 함께 기도하기

   • 개인 기도제목을 나눕니다.

   • 인도자가 단원 주제에 맞는 기도제목을 제시하고

     개인 기도제목과 함께 기도합니다.

   • 인도자가 마무리 기도하고 주기도문으로 마칩니다.

2. 광고 및 과제

   • 다음 모임에 대한 안내와 다음 주 공부할 단원을 짧게 소개합니다.

   • 성경암송 과제는 갈라디아서 2:20 입니다.

   • 4단원 3과에 〈나의 복음〉을 쓰는 과제가 있습니다.

     1쪽 분량으로 써오도록 안내합니다.

4

나는 죽고
예수로 사는 사람

내가 그리스도와 함께 십자가에 못 박혔나니
그런즉 이제는 내가 사는 것이 아니요
오직 내 안에 그리스도께서 사시는 것이라
이제 내가 육체 가운데 사는 것은
나를 사랑하사 나를 위하여 자기 자신을 버리신
하나님의 아들을 믿는 믿음 안에서 사는 것이라

갈라디아서 2:20

4단원 핵심영상강의
youtu.be/REyfZwc8eqA

4단원
나는 죽고 예수로 사는 사람

소그룹
나눔 | 인도자용

마음열기
(8분)

- 찬양 : 구주와 함께나 죽었으니(407장), 내가 그리스도와 함께
- 기도 : 미리 정해진 순서에 따라 모임을 위해 기도합니다.

과제점검
(2분)

- 출석체크, 예습, Q.T여부, 기도생활
- 성경암송 점검 – 갈라디아서 2:20

  내가 그리스도와 함께 십자가에 못 박혔나니 그런즉 이제는

  내가 사는 것이 아니요 오직 내 안에 그리스도께서 사시는 것이라

  이제 내가 육체 가운데 사는 것은 나를 사랑하사 나를 위하여

  자기 자신을 버리신 하나님의 아들을 믿는 믿음 안에서 사는 것이라

도입질문 및
각 과별 진행
(100분)

Q. 죽음이란 먹고 사는 것에 대한 염려를 하지 않는 모습으로 나타납니다.

  이러한 삶에 대하여 어떻게 느끼고 있습니까?

  함께 나누어 보시기 바랍니다.

01
그리스도인이
실패하는 이유

Q. 여러분의 삶에서 마주하는 많은 문제의 원인이 무엇인지 깨달았습니까?

● 이 질문의 핵심은 우리 자아의 문제점을 이해시키는 것입니다. 반원들이 자아의 문제점을 분명히 이해할 수 있도록 도와주십시오.

핵심 요약
예수님께서 우리의 주인이 되셔야 역사가 있어납니다. 예수님을 주인 되지 못하게 하는 것이 자아입니다. 자아의 실상을 알고 나면 내가 죽는 것이 복음이라는 사실을 알게 됩니다. 자아는 그 자체가 죄 덩어리입니다. 자신에 대해 절망할 때 비로소 "나는 죽었습니다."라는 십자가의 진리를 받아들일 수 있는 준비가 된 것입니다.

02
살아 있는 자아,
죽지 않은 그리스도인

'죽으라'는 명령은 들어보지 못했지만 '포기하라', '내려놓으라', '반응하지 말라' 등과 같이 자기 뜻(욕심)과 반대되는 음성을 들었다면 그것이 곧 '죽으라'는 음성을 들은 것입니다. 그 점을 잘 가르쳐주고, 다시 나눌 것이 있는지 확인하십시오.

Q. 여러분은 죽으라는 주님의 명령을 들어본 적이 있습니까?

이 질문을 통하여 반원들은 죽지 않은 자아의 문제점을 스스로 깨달을 수 있습니다. 부부관계, 자녀관계, 교우관계 등에서 자아로 인하여 어떤 문제들이 일어났었는지 나눕니다. 인도자가 먼저 경험을 나누어 주십시오.

Q. 여러분이 옳다고 생각하는 일 때문에 갈등이 생기거나 실패한 경험이 있다면 그것을 써보세요.

핵심 요약
우리가 '제자인가' 하는 것은 자기를 부인하고 자기 십자가를 졌느냐에 달려 있습니다. 죽지 않은 자의 전형적인 문제는 자신이 옳다고 생각하는 것입니다. 이것이 우리 안에 계신 예수님의 역사를 막는 가장 큰 장애물입니다. 세상 사람들에게 죽음은 곧 종말을 의미하지만 그리스도인에게 죽음은 곧 능력 있는 삶의 시작입니다.

03
이미 죽은 자로
여기라

◐ 나의 복음에서 강조되어야 할 점은 죽으려고 노력하는 것이 아니라 죽음을 현실로 받아들여야 한다는 것입니다. "하나님, 저는 예수님과 함께 죽었습니다."라고 고백하는 부분이 있습니다. 반원들과 함께 고백해 보십시오.

Q. 당신도 예수님의 십자가 복음을 '나의 복음'으로 고백해보세요. 다음의 내용을 참고하여 써보세요.

1. 자아가 죽지 않았을 때 여러분은 어떤 삶을 살았습니까? 부끄러운 죄가 있더라도 구체적으로 정직하게 고백해보세요.

2. 여러분의 옛사람이 십자가에서 예수님과 함께 죽었음을 고백하십시오. 예수님과 함께 죽었다면 앞으로는 어떻게 살고 싶은지 그 결단을 써보세요.

나의 복음

Q. 여러분은 자아의 죽음을 받아들임으로 도무지 해결할 수 없을 것 같은
시험에서 이겼던 경험이 있습니까?

핵심
요약
우리가 분명하게 알아야 할 것은 우리의 자아는 이미 죽었다는 사실입니다. 그
리스도인들은 이미 장례식을 치르고 사는 자들입니다. 이것이 진리이고 복음입
니다. 예수님이 십자가에 죽으실 때 우리의 옛사람도 예수님과 함께 십자가에 못
박혔습니다. 죽으려고 노력하는 것이 아니라 이미 믿음으로 죽음을 고백하는 것
입니다. 자아의 죽음이 실제가 되면 두려움, 염려, 걱정, 미움 등 모든 문제가 사
라집니다. 내가 죽었기 때문입니다.

04
나는 죽고
예수는 살고

◉ 질문의 핵심은 "내가 무엇을 하고 싶으냐?"가 아니라 "예수님께서 나를 통해 하시고 싶은 일이 무엇인가?" 하는 것입니다. 자기 열심과 순종을 구분하는 질문입니다. 주님께서 순종하기를 바라시는 부분에 대해 함께 나누십시오.

Q. 예수님께서 여러분을 통하여 하고 싶어 하시는 일이 무엇일까요? 깊이 생각하고 써보세요.

_____

_____

_____

_____

◉ 반원 중에 간증하는 분이 있다면, 그를 격려해 주십시오. 그리고 그 간증을 통해 다른 반원들도 그와 같은 순종의 삶을 살도록 도전하십시오. 죽음이란 완전히 순종하는 상태를 의미합니다. 자신의 의지와 감정, 지식을 버리고 주님께 완전히 순종하는 것입니다. 이것을 강조해 주십시오.

Q. 여러분이 죽음을 받아들이고 순종했을 때 하나님께서 역사하신 간증이 있습니까?

_____

_____

_____

_____

_____

_____

핵심 요약 제자의 두 유형이 있습니다. 첫 번째는 주님의 일을 스스로 열심히 하는 유형의 제자입니다. 열심히 하지만 주도권을 자신이 가지고 있는 사람입니다. 두 번째는 주님께서 자신을 통하여 일하시도록 하는 유형의 제자입니다. 삶의 주도권이 예수님께 있는 사람입니다. 바로 자아가 죽은 사람입니다. 죽음을 믿고 고백하는 것은 예수님께 맡기고 완전히 순종하는 상태를 말합니다.

05
죽음을 통한
승리

Q. 여러분이 정말 죽음을 앞두고 있다면 무엇을 하겠습니까? 지금 가장 고민되고 힘든 문제에 죽음을 적용해보기 바랍니다.

◐ 율법적 신앙생활에 젖어 사는 신앙인들이 의외로 많습니다. 이 질문을 함께 나눔으로 억누르고, 감추며 살았던 율법적 신앙생활을 청산하도록 도우십시오. 자아의 죽음이란 모호한 것이 아니라 실제적인 것입니다. 그리스도 안에서 자아의 죽음을 받아들임으로 자유와 승리를 누리는 것입니다.

Q. 여러분은 죄와 성질을 힘써 누르고 감추고 꾸미며 살지는 않습니까? 여러분의 신앙생활을 점검해보세요.

핵심
요약

나는 죽고 예수로 사는 십자가 복음의 핵심은 죽음에 있지 않고 생명에 있습니다. '예수로 사는' 것에 초점이 있습니다. 예수님의 제자는 억누르지 않고 드러내고 또 드러냅니다. 드러내는 것이 두렵지 않습니다. 이미 죽은 자이기 때문입니다. 예수님이 나의 주인이시기 때문입니다. 이것이 그리스도인이 누리는 진정한 자유요, 복입니다.

마무리
(10분)

1. 함께 기도하기

   • 개인 기도제목을 나눕니다.

   • 인도자가 단원 주제에 맞는 기도제목을 제시하고

     개인 기도제목과 함께 기도합니다.

   • 인도자가 마무리 기도하고 주기도문으로 마칩니다.

2. 광고 및 과제

   • 다음 모임에 대한 안내와 다음 주 공부할 단원을 짧게 소개합니다.

   • 성경암송 과제는 에베소서 5:18 입니다.

5

성령 충만한
사람

술 취하지 말라 이는 방탕한 것이니
오직 성령으로 충만함을 받으라

에베소서 5:18

5단원 핵심영상강의
youtu.be/sfStT4EAy-8

5단원
성령 충만한 사람

소그룹
나눔 | 인도자용

마음열기
(8분)

- 찬양 : 내가 매일 기쁘게(191장), 마지막 날에

- 기도 : 미리 정해진 순서에 따라 모임을 위해 기도합니다.

과제점검
(2분)

- 출석체크, 예습, Q.T여부, 기도생활

- 성경암송 점검 – 에베소서 5:18

  술 취하지 말라 이는 방탕한 것이니 오직 성령으로 충만함을 받으라

도입질문 및
각 과별 진행
(100분)

Q. 성령 충만함을 받았던 경험이 있습니까?

또는 현재 충만함을 누리고 계십니까?

자신의 경험을 나누어주세오.

01
우리 시대에 임한
두 가지 부흥

Q. 여러분은 두 가지의 부흥(성령의 부흥 또는 죄악의 부흥)의 흐름 중에서
성령 충만의 흐름 속에 있다고 말할 수 있습니까?

○ 한두 사람에게만 질문에 간단히 대답하도록 하고, 대답이 부족하다 싶으면 인도자가 보충하는 방법으로 진행하십시오. 중요한 것은 "우리 시대에 두 가지 충만한 흐름이 존재하고 있다."는 것을 알게 하는 것입니다.

핵심
요약

우리가 살고 있는 시대는 두 가지 형태의 부흥, 곧 죄악의 부흥과 성령의 부흥이 동시에 일어나고 있습니다. 성경의 예언대로 세상은 점점 더 두 부흥의 열기로 갈라지고 있습니다. 그 어떤 것도 의지하고 않고 오직 하나님만 의지하며 사는 것, 이것이 우리에게 필요한 부흥입니다. 이것이 성령의 부흥이고 성령 충만입니다.

02
성령의 능력에 대한 약속

○ 이 질문은 성령의 역사로 거듭난 사람인지를 점검하는 질문입니다. '증거'라는 말에 부담을 갖는 반원이 있다면, 3단원 '성령께서 내주하시는 7가지 증거'에 대해 배웠던 것을 상기시켜주십시오. 그리고 거듭남에 만족해서는 안 된다는 것을 이해시켜야 합니다.

Q. 여러분 안에는 생명의 역사가 분명하게 일어났습니까? 그 증거는 무엇인지 써보세요.

_____

_____

_____

_____

○ 어떤 대답을 하든지 자신에게 성령의 충만함이 필요함을 인정하는 대답이 될 것입니다. 다음 문제는 "그렇다면 우리가 어떻게 성령의 충만함을 받을 수 있는가?" 하는 문제입니다. 이제부터 그 문제를 다루어 나감을 말함으로 3과를 시작하십시오.

Q. 여러분은 성령의 충만함으로 어떻게 변화되기를 원합니까?

_____

_____

_____

_____

_____

_____

핵심 요약

성령의 역사에 대해 성경은 두 가지 물로 비유합니다. 샘물과 생수의 강입니다. 샘물은 구원받은 자가 누리는 생명의 역사라면 생수의 강은 세상을 변화시키는 강력한 부흥의 역사입니다. 이것이 성령 충만입니다. 그리스도인은 성령 충만을 받을 때 능력을 받습니다. 죄, 마귀, 세상, 자아에 승리하는 능력을 받고 새로운 능력이 부어집니다. 확신, 전도와 기도의 능력, 원수도 사랑하는 능력, 헌신할 능력을 얻게 됩니다. 이것이 성령 충만의 분명한 증거입니다.

03
구하는 자에게
주시는 성령

Q. 여러분은 정말 성령 충만을 구합니까? 지금까지 성령 충만을 구했다면
  무엇을 위하여 구했습니까?

핵심
요약

성령 충만은 특별한 사람이 아닌 그리스도인이면 누구나 받을 수 있고 받아야
합니다. 성령 충만을 받으려면 먼저 성령 충만의 약속을 믿고 구해야 합니다. 성
령 충만의 핵심은 예수님이 내 마음에 주인이 되시는 것입니다. 이 갈망이 있어
야 합니다. 제자들이 약속한 것을 받을 때까지 기다리며 구한 것처럼 끝까지 구
해야 합니다.

04
순종하는 자에게 주시는
성령

○ 질문을 좀도 구체화시키는 것이 좋습니다. 자신이 지금까지 순종하지 못하고 있는 것이 있는지 생각해보라고 하십시오. 그리고 문제를 주님 앞에 내려놓고 순종할 결단이 섰는지를 질문하는 것입니다. 그 문제가 해결되어야 성령 충만함을 받을 수 있다는 것을 다시 한 번 강조해주십시오.

Q. 여러분은 하나님께서 무엇을 하라고 하시든지 순종할 결단이 섰습니까?

Q. 여러분에게는 어렵지만 순종해야 한다고 하시는 하나님의 음성이 있습니까?

핵심 요약 성령께 완전히 순종해야 성령 충만을 받습니다. 성령 충만의 증거는 어떤 체험이나 사건으로 분별하는 것이 아니라 하나님께 완전히 순종하고자 하는 마음의 상태로 분별해야 합니다. 하나님께 완전히 순종하는 일은 우리가 할 수 없습니다. 성령의 도우심이 우리로 하여금 완전히 순종하게 합니다. 그래서 순종하기 어려운 것도 순종하게 됩니다.

05
성령 충만과
완전한 순종

Q. 여러분이 가지고 있는 지갑, 통장, 집문서 등은 모두 누구의 것입니까?

_____

_____

◐ 좀 더 질문을 실제화하기 위하여 반원들로 하여금 지갑을 꺼내보게 하고 그것이 누구의 것인지 물어보십시오.

Q. 하나님께서 "나의 모든 것을 다 하나님께 드립니다."라고 고백해보세요.
　 그리고 그 고백 뒤에 오는 성령의 감동을 써보세요.

_____

_____

_____

_____

_____

_____

_____

◐ 성령께 완전히 순종할 마음의 자세가 되어 있는지를 묻는 질문입니다. 완전히 순종하기 어려운 문제로 갈등하고 있는 반원이 있다면, 순종의 어려움에만 집중할 것이 아니라 순종을 요구하시는 하나님의 마음과 순종이 낳는 결과와 복에 초점을 맞추도록 격려하십시오.

핵심 요약 완전히 순종한다는 것은 하나님께 모든 것을 다 드린다는 것입니다. "나의 모든 것이 다 하나님의 것입니다." 이것이 우리가 드려야 할 고백입니다. 하나님께서는 우리 스스로 우리 마음을 하나님께 드려 순종하기를 원하십니다. 완전한 순종은 예수님과 결혼하는 것을 의미합니다. 이를 통해 예수님과 완전히 연합하게 됩니다.

마무리
(10분)

1. 함께 기도하기

  • 개인 기도제목을 나눕니다.

  • 인도자가 단원 주제에 맞는 기도제목을 제시하고

    개인 기도제목과 함께 기도합니다.

  • 인도자가 마무리 기도하고 주기도문으로 마칩니다.

2. 광고

  • 다음 모임에 대한 안내와 다음 주 공부할 단원을 짧게 소개합니다.

  • 성경암송 과제는 요한복음 10:27 입니다.

6

주님의 음성 듣기

내 양은 내 음성을 들으며 나는 그들을 알며
그들은 나를 따르느니라

요한복음 10:27

6단원 핵심영상강의
youtu.be/crnshh_5E1o

6단원
주님의 음성 듣기

소그룹
나눔 | 인도자용

마음열기
(8분)

- 찬양 : 주는 나를 기르시는 목자(570장), 주님 말씀하시면

- 기도 : 미리 정해진 순서에 따라 모임을 위해 기도합니다.

과제점검
(2분)

- 출석체크, 예습, Q.T여부, 기도생활

- 성경암송 점검 – 요한복음 10:27

  내 양은 내 음성을 들으며 나는 그들을 알며

  그들은 나를 따르느니라

도입질문 및
각 과별 진행
(100분)

Q. 주님의 음성을 듣고 싶었던 때가 언제였는지 나누어주세요.

또 주님의 음성이라고 생각되었던 경험이 있다면 함께 나누어주세요.

01
열심보다 중요한 순종

Q. 여러분은 하나님께서 보실 때 말 잘 듣는 자입니까? 말 안 듣는 자입니까?

⟡ 순종에 대한 내용이지만 초점은 주님과의 교제, 즉 주님의 음성을 듣는 것에 있습니다. 순종이라는 것은 주님과 교제하며 주님의 음성을 듣는다는 것을 전제하지 않고는 불가능한 것입니다. 순종이 내포하고 있는 주님과의 교제에 초점을 맞추어 답하게 하십시오.

핵심 요약 열심히 하는 것은 좋지만 예수님과의 교제 없는 열심이 시험거리를 만들기도 합니다. 주님의 사역보다 앞서야 할 것이 주님과의 교제입니다. 그 교제를 통해 예수님을 인격적으로 알고 나면 열심보다도 더 중요한 것이 주의 음성을 듣고 순종하는 것임을 알게 됩니다.

02
하나님의 음성을
듣지 못하는 이유

◐ 성령의 내적인 음성을 듣고도 하나님의 음성인줄 모르고 그냥 지나친 적은 없었는지 묻는 질문입니다. 비슷한 성격의 질문이 3과에도 있습니다. 성령의 근심과 책망에 대해서는 그곳에서 더 자세하게 나눌 수 있습니다.

Q. 여러분은 하나님의 음성을 듣고도 듣지 못했다고 여겼던 적은 없었습니까?

◐ 교재에 나오는 하나님의 음성을 듣지 못하는 세 가지 이유를 명확하게 이해했는지 점검하는 것이 중요합니다.

Q. 여러분이 하나님의 음성을 잘 듣기 위해서 지금 실천할 수 있는 것은 무엇입니까?

핵심 요약 하나님은 말씀하시는 분이십니다. 그런데 우리가 듣지 못하는 것은 불신앙과 불순종 때문입니다. 구체적으로 하나님의 음성을 듣지 못하는 이유는 첫째, 하나님의 음성을 들을 수 있다고 믿지 않기 때문입니다. 둘째, 하나님의 음성을 듣는 훈련을 받지 못했기 때문입니다. 마지막으로 늘 주님을 의식하고 주님께 귀를 기울이지 않기 때문입니다.

03
하나님의 음성을
어떻게 듣는가?

Q. 최근에 하나님의 책망이라고 느낄 만한 어떤 생각이 있었습니까?

_____

_____

_____

_____

_____

◐ 생각 속에서 일어나는 어떤 갈등, 경고와 책망을 느낀 적이 있다면 그것이 바로 하나님의 음성이었음을 설명해주십시오.

Q. 요즘 마귀가 여러분의 생각을 통해 어떻게 역사하고 있습니까? 주님은 여러분에게 어떤 마음을 주시는 것 같습니까? 생각나는 것이 있다면 써 보세요.

_____

_____

_____

_____

_____

◐ 성령께서 생각을 통하여 말씀하시지만 이 사실만 강조하면 모든 생각이 하나님의 음성이라는 착각을 불러일으킬 수 있습니다. 생각이라고 해서 다 하나님의 음성은 아니며, 분별 과정이 꼭 필요하다는 것을 강조해야 합니다.

**핵심
요약** 하나님의 음성은 육성으로 듣는 것이 아니라 생각으로 듣는 것입니다. 성령께서 우리의 생각을 통해 역사하십니다. 문제는 마음 안에 일어나는 모든 생각이 다 성령께서 주신 것은 아니라는 사실입니다. 하지만 성령께서 주시는 생각은 조금만 신중하면 알 수 있습니다.

04
하나님의 음성을
잘 듣는 방법

◑ 성경 말씀을 읽고 묵상하는 것의 중요성은 아무리 강조해도 지나침이 없습니다. 말씀을 읽지 않고 묵상하지 않으면서 하나님의 음성을 듣는 삶을 산다는 것은 거의 불가능합니다. 말씀 읽기와 묵상의 중요성을 강조하고 지금까지 그렇게 해오지 못했다면 이번 기회에 시작할 것을 도전하십시오.

Q. 여러분은 성경 말씀을 읽고 묵상하는 생활을 통하여 주님의 음성을 듣고 있습니까?

◑ 하나님께서는 기록된 성경으로도 말씀하시지만, 어떤 개인을 대상으로 그 사람의 구체적인 상황과 관련하여 말씀하시기도 합니다. 그러나 이것도 분별 과정이 반드시 필요한데, 질문 이후로 그 분별의 문제를 다루고 있습니다. 질문에 대한 대답을 함께 나눈 후에, 분별하는 방법을 강조해주십시오.

Q. 여러분은 환경이나 사람을 통해 하나님의 음성을 들은 경험이 있습니까?

핵심 요약 첫째, 성경 말씀을 많이 읽고 묵상해야 합니다. 둘째, 꾸준히 기도해야 합니다. 셋째, 환경을 주목해야 합니다. 여기서 중요한 것은 성경적인지 확인하고 영적 일치가 일어나는지 분별해야 합니다. 그리고 영적으로 성숙한 사람들의 분별과 도움을 받아야 합니다.

05
하나님의 음성이
들리지 않을 때

Q. 여러분이 하나님의 음성을 듣지 못했다면, 그 이유가 무엇인지 써보세요.

◑ 어디에 정신을 빼앗기고 있는지 점검하는 질문입니다. 관심과 생각이 어디에 있는지 생각해보고, 예수님께 집중하도록 강조하십시오.

**핵심
요약** 하나님의 음성을 듣지 못하는 원인이 세 가지 있습니다. 첫째, 하나님께서 이미 하신 말씀에 불순종했기 때문입니다. 둘째, 세상에 정신이 빼앗겼기 때문입니다. 셋째, 우리 안에 다른 소리를 방치하고 있기 때문입니다. 다른 소리인 자아의 소리와 마귀의 소리를 차단해야 합니다.

마무리
(10분)

1. 함께 기도하기

   • 개인 기도제목을 나눕니다.

   • 인도자가 단원 주제에 맞는 기도제목을 제시하고

     개인 기도제목과 함께 기도합니다.

   • 인도자가 마무리 기도하고 주기도문으로 마칩니다.

2. 광고

   • 다음 모임에 대한 안내와 다음 주 공부할 단원을 짧게 소개합니다.

   • 성경암송 과제는 마태복음 7:7-8 입니다.

7

기도로 사는 사람

구하라 그리하면 너희에게 주실 것이요
찾으라 그리하면 찾아낼 것이요
문을 두드리라 그리하면 너희에게 열릴 것이니
구하는 이마다 받을 것이요 찾는 이는 찾아낼 것이요
두드리는 이에게는 열릴 것이니라

마태복음 7:7-8

7단원 핵심영상강의
youtu.be/uKV8JSZzq1M

소그룹
나눔 | 인도자용

○ **마음열기**
(8분)

- 찬양 : 마음속에 근심 있는 사람(365장), 기도할 수 있는데

- 기도 : 미리 정해진 순서에 따라 모임을 위해 기도합니다.

○ **과제점검**
(2분)

- 출석체크, 예습, Q.T여부, 기도생활

- 성경암송 점검 – 마태복음 7:7-8

  구하라 그리하면 너희에게 주실 것이요 찾으라 그리하면 찾아낼 것이요

  문을 두드리라 그리하면 너희에게 열릴 것이니 구하는 이마다 받을 것이요

  찾는 이는 찾아낼 것이요 두드리는 이에게는 열릴 것이니라

○ **도입질문 및**
각 과별 진행
(100분)

Q. 기도자의 롤 모델로 생각하는 사람이 있다면 소개해주세요.

　왜 그렇게 생각하는지 그 이유도 함께 나누어주세요(성경, 책속의 인물,

　주변인물 등).

01
왜 기도해야
하나?

Q. 여러분은 기도를 통해 하나님을 경험한 적이 있습니까? 기도를 통해 알
　게 된 하나님은 어떤 분입니까?

Q. 여러분은 기도의 목적이 하나님과의 교제입니까? 여러분의 문제해결입
　니까? 그동안의 기도생활을 점검해보세요.

○ 자신의 기도생활을 정직
하게 돌아보도록 하는 시간
입니다. 문제해결에 집중하
는 이유가 하나님과의 교제
가 없었음을 나타내는 증거
입니다. 인도자가 자신의 경
험을 먼저 나누는 것이 도움
이 됩니다.

핵심
요약
기도란 우리가 하나님을 경험하고 알 수 있는 가장 좋은 길입니다. 하나님은 우
리와 교제하기 원하시고 그 교제를 통해서 자신을 알리십니다. 기도는 문제해
결을 위한 통로가 아닌 주님과의 교제를 통해 주님을 더 깊이 알아가는 은혜의
통로입니다.

02
하나님과
교제하는 기도

Q. 하나님께서 여러분에게 주시는 기도의 감동은 무엇입니까? 하나님께서
   기도하게 하시는 기도제목이라고 느껴지는 것이 있다면 써보세요.

_____

_____

_____

_____

_____

_____

_____

_____

_____

_____

**핵심
요약** 기도의 목적은 하나님과 교제하는 것입니다. 기도의 응답은 선물입니다. 예수
님이 정말 내 삶의 주인이시라면 기도에 있어서도 예수님은 주인이십니다. 그러
면 주님께서 우리의 기도를 인도해 주십니다. 성령의 인도하심으로 기도할 때
우리는 내 뜻이 아닌 하나님의 뜻대로 기도하게 됩니다. 그래서 기도할 때 항상
주님께 무엇을 기도해야 할지 먼저 물어보아야 합니다.

03
기도와
영적 전쟁

Q. 여러분은 기도를 통하여 영적 승리를 경험한 적이 있습니까? 반대로 기
  도하지 않아 영적으로 실패한 경험이 있습니까?

◐ 하나님께서 역사하시는 기도의 4단계의 과정을 설명해주고, 우리가 하는 모든 일이 기도의 영향을 받게 됨을 강조해주십시오.

핵심
요약
기도를 영적 전쟁이라고 부르는 이유가 있습니다. 기도를 통해 하나님의 뜻이
이루어지는 것을 방해하는 악한 영과 싸우기 때문입니다. 우리가 예수님의 이
름으로 기도할 때 마귀의 역사가 꺾이고 영혼 구원의 역사가 일어납니다. 마귀
는 어떻게 해서든지 성도들이 기도하지 못하도록 방해합니다. 피곤해서 기도
못하는 것이 아니라 기도를 못해서 피곤한 것입니다. 기도실에서의 승리가 있
어야 일상의 삶에서 승리가 있습니다.

93

04
시험을 이기는
기도

● 4과의 내용에 새벽기도에 대한 이야기가 많이 나옵니다. 새벽기도를 하지 못하고 있는 반원들에게 "새벽기도에 새롭게 시작해 보라!"고 도전하십시오.

Q. 기도할 때와 기도하지 않을 때 여러분의 영적 상태는 어떻게 다릅니까?

**핵심
요약**

성도들이 마귀의 시험과 공격을 이기는 길은 기도를 통하여 하나님의 능력을 얻는 길 뿐입니다. 기도하면 마귀의 시험을 분별할 수 있고, 결국은 그 시험을 이길 수 있습니다. 기도를 통하여 예수님과의 관계가 깊어진 사람은 시험이 와도 육신대로 반응하지 않고 믿음으로 반응하게 됩니다. 그래서 기도는 형편과 여건에 따라 해서는 안 됩니다. 기도가 잘 되지 않는 형편에 있을지라도 영적인 숨통이 열릴 때까지 기도하면 어느 한 순간에 기도의 문이 열리는 것을 경험하게 됩니다.

05
역사하는 힘이
큰 기도

Q. 우리의 기도가 역사하는 힘이 큰 기도가 되려면 어떻게 해야 할까요? 기
도 응답의 조건에 비추어 자세히 써보세요.

○ 단순히 기도하는 사람이
아니라 예수님과 친밀한 관
계 속에서 기도하는 기도의
사람이 되어야 함을 강조해
주십시오.

핵심
요약
하나님께서 응답하시는 기도의 가장 중요한 전제 조건은 예수님과 온전한 관
계를 맺는 것입니다. 바른 관계 속에서 바른 기도가 나옵니다. 바른 기도는 믿
음으로 하는 기도입니다. 우리를 가장 선한 길로 인도하실 예수님을 바라보며
하는 기도, 그것이 바로 믿음의 기도입니다. 이 믿음의 기도가 우리를 순종으로
이끌고 하나님의 역사를 드러냅니다. 이런 사람이 의인입니다. 의인의 기도는
역사하는 힘이 큽니다. 이렇게 예수님과 온전한 관계를 맺은 사람은 사랑의 사
람이 될 수밖에 없습니다. 하나님께서는 주님의 마음으로 사랑하는 사람들의
기도에 응답하십니다.

마무리
(10분)

1. 함께 기도하기

   • 개인 기도제목을 나눕니다.

   • 인도자가 단원 주제에 맞는 기도제목을 제시하고

     개인 기도제목과 함께 기도합니다.

   • 인도자가 마무리 기도하고 주기도문으로 마칩니다.

2. 광고

   • 다음 모임에 대한 안내와 다음 주 공부할 단원을 짧게 소개합니다.

   • 성경암송 과제는 히브리서 11:6 입니다.

8

믿음으로 사는 사람

믿음이 없이는 하나님을 기쁘시게 하지 못하나니
하나님께 나아가는 자는 반드시 그가 계신 것과
또한 그가 자기를 찾는 자들에게
상주시는 이심을 믿어야 할지니라

히브리서 11:6

8단원 핵심영상강의
youtu.be/8Z2n98fJ97k

소그룹
나눔 | 인도자용

마음열기
(8분)

- 찬양 : 이 눈에 아무 증거 아니 뵈어도 (545장), 오직 믿음으로

- 기도 : 미리 정해진 순서에 따라 모임을 위해 기도합니다.

과제점검
(2분)

- 출석체크, 예습, Q.T여부, 기도생활

- 성경암송 점검 – 히브리서 11:6

  믿음이 없이는 하나님을 기쁘시게 하지 못하나니

  하나님께 나아가는 자는 반드시 그가 계신 것과

  또한 그가 자기를 찾는 자들에게 상주시는 이심을 믿어야 할지니라

도입질문 및
각 과별 진행
(100분)

Q. 여러분이 생각하는 '좋은 믿음'은 무엇인지 나누어주세요.

❷ 일반적으로 생각해 왔던 좋은 믿음에 대한 기준이 사실은 본질적인 믿음과 관계가 없을 수 있음을 말해 줍니다.
함께 나눈 후에 반원들에게 정말 좋은 믿음이 무엇인지 함께 점검하는 시간으로 나아가도록 권면하는 말로 시작하면 좋습니다.

01
당신은 믿음으로
사는가?

Q. 여러분은 지금까지 무엇을 의지하고 인생을 살아왔습니까? 믿음으로
살아왔습니까?

◆ 이 질문은 지금까지 살아 오면서 '시련이나 문제를 어떻게 해결해 왔는가?'와 관련이 있습니다. 삶에 시련이나 문제가 생겼을 때 가장 먼저 떠오르는 대상이나 해결 방법이 그 사람이 믿고 의지하는 것입니다. 시련이나 문제가 생겼을 때 가장 먼저 떠오르는 것이 무엇이었는지, 그때 어떻게 반응했는지를 함께 질문할 때 반원들의 믿음에 대한 정확한 판단을 할 수 있을 것입니다.

핵심
요약

예수님께서 살아계셔서 나와 함께 계신다는 사실을 알고 그것이 정말 믿어지면 염려와 두려움이 사라지게 됩니다. 세상살이가 아무리 거칠어도 그리스도인이 세상을 이길 수 있는 것은 믿음이기 때문입니다. 하지만 그리스인들도 때로 어려운 문제를 만납니다. 이때 하나님의 사랑을 환경과 상황으로 판단하려는 사람들이 있습니다. 그러나 하나님의 사랑은 환경으로 판단해서는 안 됩니다. 하나님 아버지의 사랑은 이미 예수님께서 십자가에서 확증하셨습니다. 예수님이 우리 안에 계신 것을 믿으면 어려운 고난 속에도 하나님의 사랑이 숨겨져 있다는 사실을 발견하게 됩니다.

02
왜 믿음으로 살아야
하는가?

○ 치유하심, 기도응답, 승리
하는 삶 등이 다 믿음으로 누
리게 되는 은혜라는 사실을
분명히 가르쳐야 합니다. 또
한 우리의 믿음 없이는 받을
수 있는 은혜가 하나도 없음
을 강조해주십시오.

Q. 지금 여러분이 믿음으로 누려야 할 은혜는 어떤 것입니까?

Q. 여러분의 얼굴에는 하나님을 향한 믿음이 나타나고 있습니까? 다른 사람
　에게 자신의 얼굴 표정이 어떻게 보이는지를 물어보고 답을 쓰세요.

**핵심
요약**　하나님께서 주시는 모든 은혜와 복은 믿음을 통해서만 받습니다. 우리가 그 약
속의 말씀을 붙잡고 믿을 때 하나님께서 약속하신 은혜들을 실제로 누릴 수 있
습니다. 우리가 믿음으로 순종하면 하나님께서는 우리를 통해 세상에 자신을
드러내십니다. 우리와 함께 계신 예수님을 정말 믿으면 어려운 상황 가운데 있
더라도 얼굴에 평온함과 기쁨이 나타납니다.

03
어떻게 하면 큰 믿음을
가질 수 있는가?

Q. 당신의 생활 가운데 믿음의 훈련이 필요한 영역은 어떤 부분입니까?

○ 훈련 받아야 할 부분을 구체적으로 말할 수 있도록 강조합니다. 인도자가 먼저 자신의 고백을 나누면 좋습니다.

핵심 요약

큰 믿음을 가지려면 자신이 믿음으로 살지 못했던 것부터 회개해야 합니다. 그리스도인의 믿음이란 하나님 말씀을 믿는 것입니다. 믿음은 자신의 생각이나 느낌에 의존하지 않고 진리를 결론으로 삼는 것입니다. 오직 믿음으로 말한 여호수아와 갈렙만 약속의 땅에 들어갔습니다. 그러므로 우리는 믿음으로 말하는 법을 배워야 합니다. 또한 하나님의 말씀에 따라 믿음의 도전을 할수록 믿음이 성장하게 됩니다.

04
24시간 예수님을
바라보라

○ 죄가 아니더라도 영적 생활을 방해하는 모든 것이 믿음의 장애물임을 설명해주십시오. 예를 들면 인터넷뉴스, 드라마 등 너무 많은 시간을 빼앗기는 것도 해당됩니다.

Q. 여러분 안에 있는 믿음의 장애물은 무엇입니까? 자세히 써보세요.

_____

_____

_____

_____

_____

_____

_____

_____

_____

_____

○ 예수님을 바라보는 것을 %로 정해보는 핵심은 평소에 예수님을 잘 바라보지 못함을 알도록 해주기 위함입니다. 이를 깨닫고, 예수님을 바라보는 훈련으로 나아가도록 도전하십시오.

Q. 다음 질문을 읽고 답을 써보세요.

1. 여러분은 하루에 어느 정도 예수님을 바라봅니까? 하루 24시간 중에 몇 퍼센트나 예수님을 생각합니까?

_____

_____

2. 예수님을 바라보고 살지 못한다면 가장 큰 이유는 무엇입니까?

----

3. 예수님을 바라보는 삶을 훈련하기 위해 여러분은 무엇을 결단하겠습니까?

핵심 요약 많은 그리스도인이 온전한 믿음을 갖고 싶어 하지만 믿음이 생기지 않는다고 말합니다. 우리 안에 믿음을 무너뜨리는 장애물인 죄, 부정적 자아와 상처와 세상 가치관이 있기 때문입니다. 이것을 무너뜨리고 온전한 믿음 가운데 서려면 24시간 예수님을 바라보아야 합니다. 24시간 예수님을 바라본다는 것은 하루 종일 우리 안에 계신 예수님을 생각하고 동행하는 삶을 사는 것입니다. 24시간 주님을 바라보는 가장 좋은 방법이 예수동행일기를 쓰는 것입니다. 예수님이 나와 함께 계신다는 것이 분명히 믿어지면 삶이 바뀝니다.

05
염려가 맡겨질 때까지
예수님을 바라보라

○ 어떤 사람이 믿음으로 사는지 그렇지 않은지 구별하는 기준은 염려입니다. 염려는 예수님을 바라볼 때 떠나가는 것임을 강조해주시기 바랍니다.

Q. 여러분이 염려를 맡기고 하나님 나라를 위해 힘써야 할 일이 있다면 무엇입니까?

핵심
요약

믿음의 반대말은 불신이 아니라 두려움과 염려입니다. 염려는 윤리적인 죄는 아니지만 하나님과의 관계를 깨뜨리는 영적인 죄입니다. 염려를 해결하는 길은 주님께 염려를 맡기는 길뿐입니다. 믿음은 우리가 예수님을 바라볼 때 생깁니다. 우리가 예수님을 바라보면 볼수록 믿음은 커지고 염려는 점점 줄어듭니다. 그래서 염려가 떠나가기까지 주님을 바라보아야 합니다. 염려를 주님께 맡기면 하나님 나라를 위하여 살 수 있는 힘이 생기고 복된 삶을 살 수 있습니다.

마무리
(10분)

1. 함께 기도하기

   • 개인 기도제목을 나눕니다.

   • 인도자가 단원 주제에 맞는 기도제목을 제시하고

     개인 기도제목과 함께 기도합니다.

   • 인도자가 마무리 기도하고 주기도문으로 마칩니다.

2. 광고

   • 다음 모임에 대한 안내와 다음 주 공부할 단원을 짧게 소개합니다.

   • 성경암송 과제는 마태복음 13:44 입니다.

   • 9단원 1과에 유언장을 작성하는 것이 나옵니다. 1쪽 분량으로

     유언장을 미리 작성해 오도록 안내합니다.

9

소망으로 사는 사람

천국은 마치 밭에 감추인 보화와 같으니
사람이 이를 발견한 후 숨겨 두고 기뻐하며 돌아가서
자기의 소유를 다 팔아 그 밭을 사느니라

마태복음 13:44

9단원 핵심영상강의
youtu.be/_xnEvkLvdF0

9단원
소망으로 사는 사람

소그룹
나눔 | 인도자용

마음열기
(8분)

• 찬양 : 주여 지난밤 내 꿈에(490장), 주님 다시 오실 때까지

• 기도 : 미리 정해진 순서에 따라 모임을 위해 기도합니다.

과제점검
(2분)

• 출석체크, 예습, Q.T여부, 기도생활

• 성경암송 점검 – 마태복음 13:44

천국은 마치 밭에 감추인 보화와 같으니 사람이 이를 발견한 후

숨겨 두고 기뻐하며 돌아가서 자기의 소유를 다 팔아 그 밭을 사느니라

• 유언장 작성 점검, 1과에서 함께 나눌 것.

도입질문 및
각 과별 진행
(100분)

Q. 사소한 것을 붙잡았다가 정말 소중한 것을 잃어버린 경험이 있습니까?

다시 돌아가면 어떻게 하겠습니까? 나누어주세요.

01
죽음을
내다보는 눈

○ 과제로 작성해 온 유언장을 반원들과 함께 나누십시오. 시간이 걸리더라도 모든 반원들이 작성해 온 유언장을 읽을 수 있도록 하십시오. 유언장을 다 읽은 후에 유언장을 작성할 때의 느낌을 간단히 나누는 것이 좋습니다.

유 언 장

핵심 요약 우리에게 무엇이 가장 소중한 것인지를 알게 되는 것은 죽음을 내다보게 될 때입니다. 진짜 지혜는 죽음을 보는 순간에 생깁니다. 우리가 결국 죽는 존재라는 사실만 알아도 인생은 달라집니다. 정말 소중하고 가치 있는 삶인데 죽음에 이르러서야 깨닫는 것이 얼마나 안타까운 일인지 모릅니다. 그리스도인들은 평소에 죽음을 내다보는 눈을 가져야 합니다. 이것이 소망의 눈을 뜨는 것입니다. 그래야 나중에 후회하지 않는 삶을 살 수 있습니다.

02
천국을
바라보는 눈

Q. 여러분은 죽으면 천국에 갈 확신이 있습니까?

_____

_____

Q. 천국에 갈 확신이 있다면 밭에 감춰진 보화를 발견한 농부처럼 기쁨이 있습니까?

_____

_____

Q. 여러분은 천국과 지옥 중에 어느 곳으로 가고 있는 것 같습니까? 여러분의 마음과 삶에 비추어 판단해보세요.

_____

_____

◐ 천국을 바라보는 눈이 열렸는지를 점검하는 질문입니다. 천국에 갈 확신을 가지고 있다고 대답하는 사람이 그렇지 못한 사람보다 많을 것입니다. 그러나 중요한 것은 천국 갈 확신이 있다고 말하면서도 "세상을 다 얻은 것처럼 기쁘다."고 대답하는 사람은 극히 소수에 불과합니다. 그것은 천국을 바라보는 눈이 아직은 덜 열렸음을 말하는 것입니다. 질문을 함께 나눈 후에 그 사실을 설명하십시오.

핵심 요약   우리가 예수님을 믿고 받은 복 중에 가장 귀한 것은 천국을 소유한 복입니다. 죽는 것도 복된 이유가 천국이 예비되어 있기 때문입니다. 이 천국을 소망하는 눈이 열리면 근심하던 것, 괴로워하던 것, 답답해하던 것이 모두 다 사라지게 됩니다. 천국을 바라보는 눈이 열리면 세상을 바라보는 관점과 잘 산다는 개념이 완전히 달라집니다. 천국은 죽어서만 가는 곳이 아닙니다. 왕이신 하나님의 통치가 임하게 되면 이 땅에서 천국을 맛보고 누리며 살게 될 것입니다. 지금 예수님의 임재를 사모하며 그분과의 교제를 즐거워하는 사람은 천국으로 가고 있는 사람입니다.

03
흔들리지 않게
하는 소망

◆ 고난을 특권으로 생각할 수 있는지에 대한 질문입니다. 싱글인 경우, 부모님이나 형제의 경우로 대체해서 질문하십시오.

Q. 여러분은 자녀가 오지의 선교사처럼 어려운 길을 가겠다고 하면 축복해 줄 수 있겠습니까? 여러분의 솔직한 마음을 써보세요.

_____

_____

_____

_____

_____

◆ 많은 그리스도인들이 세속적인 성공의 가치관에 물들어 있습니다.
이번 기회에 참된 성공이 무엇인지 이해시켜 줄 필요가 있습니다. 참된 성공의 기준을 꼭 짚어주시기 바랍니다.

Q. 천국에 대한 소망이 여러분의 삶에 어떤 변화를 가져왔는지 써보세요.

_____

_____

_____

_____

_____

핵심 요약 하나님께서 우리에게 천국의 대한 소망을 주시는 이유는 유혹과 핍박에 흔들리지 않도록 하기 위함입니다. 뿐만 아니라 천국에 대한 소망은 세상을 이기는 능력입니다. 고난도 특권으로 여기는 사람은 하나님 나라에 대한 눈이 열린 사람입니다. 이 눈이 열리면 욕심이 사라져 자기 유익을 구하지 않고 하나님 나라와 다른 사람의 유익을 구하는 삶을 살게 됩니다. 천국 소망을 가진 이에게 십자가는 영광이고 기쁨이며 자랑입니다. 이런 삶이 소망이 넘치는 삶입니다.

04
다가오는
하나님 나라

Q. 여러분은 사명이 무엇인지 알고 있습니까? 하나님 나라를 위하여 무엇을
　 준비하며 살고 있는지 구체적으로 써보세요.

⊙ 일상에 빠져 살지 말고 하
나님 나라를 준비하는 사람
(사명을 감당하는 사람)으로
살아야 한다는 것을 강조해
주십시오.

**핵심
요약**　우리가 죽고 난 뒤 가게 될 천국을 바라보는 눈이 열리는 것도 중요하지만 더 중
요한 것은 완성될 하나님 나라에 대해 눈이 열리는 것입니다. 성경은 하나님을
대적하는 세상 나라는 반드시 망하고 예수 그리스도가 다시 오셔서 영원히 왕
노릇할 것이라고 예언합니다. 하나님 나라가 점점 다가오고 있습니다. 다가올
하나님 나라에 대해 소망이 분명한 사람은 반드시 사명을 깨닫게 됩니다. 하나
님 나라를 바라보는 눈이 열리면 결코 세상에 안주하며 살 수 없습니다.

05
소망은
사명이다

○ 하나님 나라에 대한 소망
에 눈이 뜨이면 힘들고 어려
운 사명도 감당할 수 있고,
세상의 것들에 집착하지 않
을 수 있다는 것을 강조해주
십시오.

Q. 여러분이 지금 하나님 앞에 선다면 두려운 것은 없습니까? 하나님 앞에
   선다고 생각하면 가장 문제가 되는 것이 무엇입니까?

**핵심
요약**

우리는 이 세상에 투입된 하나님 나라의 독립군입니다. 하나님 나라가 임할 때
어려운 환경에서 주님을 위해 일했던 사람들이 좋은 환경에서 일했던 사람들
보다 더 큰 상급을 얻게 됩니다. 하나님 나라에 대한 소망의 눈이 열리면 어려운
사명에도 불평불만하지 않습니다.

사도바울이 자신에게 유익했던 것을 배설물처럼 버릴 수 있었던 것은 하나님
나라의 모든 비밀을 알았기 때문입니다. 예수님이 우리 마음에 왕이 되시면 어
떻게 살아야 할지 분명해집니다. 항상 예수님을 바라보고 사는 사람은 언제 하
나님 앞에 서더라도 부끄러움 없는 삶을 살게 됩니다.

마무리
(10분)

1. 함께 기도하기

   • 개인 기도제목을 나눕니다.

   • 인도자가 단원 주제에 맞는 기도제목을 제시하고

     개인 기도제목과 함께 기도합니다.

   • 인도자가 마무리 기도하고 주기도문으로 마칩니다.

2. 광고

   • 다음 모임에 대한 안내와 다음 주 공부할 단원을 짧게 소개합니다.

   • 성경암송 과제는 고린도전서 13:13 입니다.

   • 배우자나 가족에게 '사랑을 고백하기' 과제를 내줍니다.

     선물과 함께 마음에 있는 사랑을 고백하도록 합니다.

10

사랑으로 사는 사람

그런즉 믿음, 소망, 사랑,
이 세 가지는 항상 일을 것인데
그 중의 제일은 사랑이라

고린도전서 13:13

10단원 핵심영상강의
youtu.be/0h9fi69o0nQ

소그룹
나눔 | 인도자용

마음열기
(6분)
- 찬양 : 그 크신 하나님의 사랑(304장), 사랑합니다, 나의 예수님
- 기도 : 미리 정해진 순서에 따라 기도

과제점검
(10분)
- 출석체크, 예습, Q.T여부, 기도생활
- 성경암송 점검 – 고린도전서 13:13

  그런즉 믿음, 소망, 사랑, 이 세 가지는 항상 있을 것인데

  그 중의 제일은 사랑이라

- '사랑고백하기' 과제를 했는지, 그리고 어떤 일이 있었는지

  간단히 나눕니다.

도입질문 및
각 과별 진행
(94분)
Q. 배우자나 가족에게 사랑고백을 해보셨습니까? 반응이 어떠했습니까?

  본인의 마음은 어떠했습니까?

01
사랑이
제일인가?

Q. 여러분은 사랑이 제일이라고 여기며 살고 있습니까? 만약 아니라면 그동 안 제일로 여기며 살았던 것은 무엇입니까?

○ 사랑이 제일인 줄 알면서 그렇게 살지 못한 자신을 돌 아볼 수 있도록 도와줍니다.

Q. 사랑 없는 마음 때문에 다른 사람에게 상처를 주거나 상처받은 경험이 있 다면 써보세요.

○ 상처를 주고받으면 사랑 으로 하나 되기 어렵다는 것 을 깨닫도록 안내합니다. 그 때 '예수님이라면 어떻게 하 셨을까?' 생각해보도록 인도 하십시오.

핵심 요약 사랑은 기독교의 핵심 가치입니다. 사랑이 없으면 아무것도 아닙니다. 그런데 왜 교회 안에서 미움, 시기, 다툼, 분열 등의 문제가 생기는 것일까요? 사실은 사랑이 제일이라고 믿지 않기 때문입니다. 우리는 무슨 일을 할 때에 옳고 그른 것을 매우 중요하게 따집니다. 그러나 옳고 그른 것을 따지는 것보다 더 중요한 것은 '사랑으로 하나가 되었는가?' 입니다. 무엇이 예수님의 마음인지 생각하고 행동해야 합니다.

02
사랑의 열매로
구원을 점검하라

○ 사랑이 구원의 조건이 아니라 구원의 결과요 증거라는 사실을 깨닫게 해주어야 합니다. '내가 구원받았는지 어떻게 알 수 있는가?' 이 질문에 대한 대답은 '내 안에 사랑이 있는가?' 하는 것입니다. 이 과를 마치면서 '여러분은 구원받은 사람으로서 어떤 증거를 가지고 있습니까?'라는 질문을 반원들 모두에게 하셔도 좋습니다.

Q. 여러분의 믿음은 사랑이라는 열매로 나타나고 있습니까? 사랑의 열매로 자신의 믿음을 점검해보세요.

핵심
요약

성경은 일관되게 우리의 구원이 사랑과 용서와 관계되어 있다고 말합니다. 사랑이 없으면 구원받은 것이 아니라는 것입니다. 참 믿음은 우리를 용서와 사랑의 사람으로 변화시킵니다. 십자가 복음을 통하여 믿음으로 변화된 사람의 가장 강력한 증거는 원수도 사랑하는 것입니다. 예수님을 떠나서는 사랑할 수 없고 아무것도 할 수 없습니다. 예수님을 바라보고 믿을 때 우리 안에 사랑의 열매가 맺어지게 됩니다.

03
예수님의 사랑으로
사랑하라

Q. 여러분은 다른 사람의 허물에 대하여 말하거나 불평한 적은 없습니까?

Q. 아직도 도무지 용서하기 어려운 사람이 있습니까?

Q. 만약 용서하기 어려운 사람이 있다면 "나는 죽었습니다."를 선포하고 용
   서와 사랑을 실천하기 바랍니다.

◑ 만약 용납하기 어려운 사람이 있다면 하나님께서 자신의 마음에 사랑을 부어주시도록 기도하고 사랑을 실천해 보도록 요청하십시오. 그리고 '마음에 어떤 변화가 일어났는지, 그 사람과의 관계에 어떤 변화가 일어났는지 다음 시간에 나누어보자!' 하고 요청하십시오. 그러나 숙제라는 느낌을 받게 해서는 안 됩니다.

핵심 요약 예수님의 제자가 된 가장 큰 특징은 사랑입니다. 하나님을 사랑하고 다른 사람을 사랑하는 것입니다. 그런데 왜 사랑하고 용서하는 것이 어렵게 느껴질까요? 우리 자신의 힘으로 사랑하려고 하기 때문입니다. 그리스도인의 사랑의 핵심은 '나는 죽고 예수로 사는 것'입니다. 사랑할 수 없는 나는 '죽었다'는 사실을 믿음으로 고백하고 내 안에 계신 '예수님의 사랑으로 사랑하는 것'입니다. 진정한 사랑은 내 안에 사랑의 왕으로 와 계신 예수님으로부터 나옵니다. 사랑은 노력하는 것이 아니라 되어지는 것입니다.

04
사랑은
축복이다

Q. 여러분에게 막혀있는 축복의 통로는 없습니까? 다음 질문을 읽고 답을
쓰세요.

1. 가족이나 친척들에게 소홀한 일은 없었습니까?

-----

2. 어려운 처지에 있는 사람을 보고도 인색한 마음 때문에 도와주지 않았던 적
은 없습니까?

-----

3. 세상에서 자신의 권리만 주장하고 책임을 다하지 못한 일은 없습니까?

핵심
요약
사랑하라는 말은 손해보고 살라는 말이 아닙니다. 사실 '사랑하며 살라.'는 말
씀은 하나님의 복 안에 살라는 말씀입니다. 사랑이 없으면 믿음의 능력은 결코
바르게 나타나지 않습니다. 우리가 기도에 응답받지 못하는 이유도 우리의 사
랑에 문제가 있기 때문입니다. 하나님께 복 받는 원리는 먼저 다른 사람을 사랑
하며 섬기는 데 있습니다.

05
교회 공동체와
사랑

Q. 만약 여러분이 실패해서 온 가족이 거리로 나앉게 된다면, 우리 교우들 중에서 여러분 가족을 자기 집으로 초청해 주거나 또 부담없이 들어갈 수 있는 가정이 얼마나 될까요?

Q. 여러분은 길거리에 나앉을 처지가 된 교우가 있다면 여러분의 집으로 맞아들일 수 있겠습니까?

Q. 우리의 교회가 사랑으로 충만한 공동체가 되기 위해 우리가 할 일은 무엇일까요? 구체적으로 실천할 수 있는 것을 쓰세요.

핵심
요약
사랑한다는 것은 나의 모든 것을 다주어도 아깝지 않는 관계입니다. 하나님께서 우리를 교회라는 공동체로 모이게 하신 까닭은 서로 사랑하며 살도록 하기 위해서입니다. 사랑으로 충만한 교회를 세우는 것이 교회의 사명입니다. 염려, 근심, 두려움의 모든 짐을 예수님께 맡기고 오직 사랑만 하며 살아야 합니다. 하나님을 사랑하고 이웃을 사랑하며 사는 것이 행복 중의 행복입니다.

마무리
(10분)

1. 함께 기도하기

   • 개인 기도제목을 나눕니다.

   • 인도자가 단원 주제에 맞는 기도제목을 제시하고

     개인 기도제목과 함께 기도합니다.

   • 인도자가 마무리 기도하고 주기도문으로 마칩니다.

2. 광고

   • 다음 모임에 대한 안내와 다음 주 공부할 단원을 짧게 소개합니다.

   • 성경암송 과제는 에베소서 6:10-11 입니다.

   • 교재 뒷면에 나와 있는 간증문 작성 가이드를 참조하여 간증문을

     준비하도록 안내합니다.

11

영적 전쟁에서
승리하라

끝으로 너희가 주 안에서와
그 힘의 능력으로 강건하여지고
마귀의 간계를 능히 대적하기 위하여
하나님의 전신 갑주를 입으라

에베소서 6:10-11

11단원 핵심영상강의
youtu.be/AOJRE9P7wOg

11단원
영적전쟁에서 승리하라

소그룹 나눔 | 인도자용

마음열기
(8분)
- 찬양 : 마귀들과 싸울지라(348장), 세상의 유혹 시험이
- 기도 : 미리 정해진 순서에 따라 모임을 위해 기도합니다.

과제점검
(2분)
- 출석체크, 예습, Q.T여부, 기도생활
- 성경암송 점검 – 에베소서 6:10-11

  끝으로 너희가 주 안에서와 그 힘의 능력으로 강건하여지고

  마귀의 간계를 능히 대적하기 위하여 하나님의 전신 갑주를 입으라

도입질문 및
각 과별 진행
(100분)
Q. 어떤 일에 대해서 영적인 문제라고 생각되었던 경험을 나누어주세요.

01
마귀의 실체는
무엇인가?

Q. 마귀의 실체에 대하여 정리해서 써보세요.

_____

_____

_____

_____

_____

_____

_____

_____

_____

_____

> ❍ 영적 전쟁의 대상인 마귀의 실체를 아는 것은 매우 중요한 일입니다. 몇 사람에게 질문에 답하게 하시고, 좀 전에 배웠던 마귀의 실체 다섯 가지를 반원들과 함께 다음과 같은 형식으로 읽으십시오.
> 인도자 : "마귀는 어떤 존재입니까?"
> 반   원 : "타락한 천사입니다."
> 인도자 : "마귀는 어떤 존재입니까?"
> 반   원 : "참소하는 자입니다."

핵심 요약

우리가 사는 세상에는 성령께서도 역사하시지만 악한 영도 역사합니다. 마귀가 존재하는 한 영적 전쟁이나 믿음의 훈련은 필수입니다. 그렇다면 마귀는 어떤 존재일까요? 마귀는 타락한 천사입니다. 타락한 천사로 세상에서 왕 노릇을 합니다. 마귀는 참소하는 자입니다. 마귀는 끊임없이 정죄 의식을 심어줍니다. 마귀는 거짓의 아비입니다. 마귀는 언제나 거짓된 생각을 심어줍니다. 마귀는 그의 사자들을 통해서 역사합니다. 마귀가 범죄하고 타락할 때 혼자 타락한 것이 아닙니다. 다른 천사들과 함께 반역을 저지르고 타락하였는데 마귀와 함께 타락한 천사들을 귀신이라고 부릅니다.

02
영적 전쟁이란
무엇인가?

❍ 질문에 대답하게 한 후에 하나님과 멀어지게 하려는 어떤 것이, 단순한 문제가 아니라 마귀의 역사라는 것과 영적으로 싸워 해결해야 할 문제라는 것을 짚어주십시오.

Q. 여러분은 하나님께서 주신 복된 자리에 서 있습니까? 마귀의 공격에 넘어지지는 않았는지 다음 내용을 점검해보세요.

1. 그리스도 안에서 새로운 피조물이 되었다고 믿으니 옛 성품이 다 지나갔습니까?

---

2. 예수님의 속죄의 은혜를 믿으니 이제 다른 사람을 용서하고 사랑하며 살게 되었습니까?

---

3. 내 안에 오신 예수님을 믿으니 염려와 근심이 떠나가고 행복합니까?

----

4. 예수님이 나와 항상 함께 계시다는 것을 믿으니 은밀한 죄가 사라졌습니까?

핵심 요약 그리스도인들은 두 가지 차원에서 마귀와 영적인 전쟁을 하게 됩니다. 첫째, 마귀와의 외적인 전쟁입니다. 외적인 전쟁은 복음 전하는 것을 방해하는 마귀의 공격을 예수님의 이름으로 대적하고 싸우는 것입니다. 둘째, 마귀와의 내적인 전쟁입니다. 마귀는 예수님을 믿고 구원받은 우리를 다시 옛 성품에 매여 살도록 공격합니다. 나는 죽고 예수로 살려고 할 때 반드시 그것을 방해하는 마귀의 역사가 있음을 기억하고, 반드시 복음의 진리 위에 든든히 서 있어야 합니다.

03
영적 전쟁은
어디서 일어나는가?

◑ 마귀가 주는 생각이 우리 마음속에 견고한 진으로 자리 잡게 된다는 것을 설명하고, 성령의 도우심으로 승리할 수 있음을 강조하십시오.

Q. 여러분 마음 안에 자리 잡은 견고한 진은 무엇입니까?

◑ 마귀와의 내적인 전쟁이 생각과 마음뿐만 아니라 입술에서도 벌어지고 있음을 설명해주십시오.

Q. 여러분의 말이 그대로 이루어진다고 믿는다면 지금 어떤 말을 하겠습니까? 마귀가 어떤 말을 가장 싫어할지 써보세요.

핵심 요약 영적 전쟁은 첫째, 우리의 생각에서 일어납니다. 행동보다 중요한 것이 생각입니다. 생각에서 행동이 나오기 때문에 마귀는 생각을 공격 대상으로 삼습니다. 둘째는 우리의 마음에서 일어납니다. 생각이 내 안에 계속 머물면 마음에 진을 치게 됩니다. 마귀의 진은 습관적인 죄, 혈기, 두려움과 낙심, 열등감, 분노 등입니다. 이길 힘은 믿음으로 십자가의 진리를 붙잡고 "나는 죽었습니다."라고 고백하면 마귀는 우리의 마음을 지배할 힘을 잃게 됩니다. 셋째, 우리의 입술에서 일어납니다. 마귀는 생각과 함께 입술을 통해 믿음 없는 말을 하게 합니다. 불평, 불만을 말하게 합니다. 성도들의 감사와 찬양은 마귀에게 쏘는 영적 미사일과 같습니다. 어떤 상황에서도 믿음의 말을 해야 합니다.

04
영적 전쟁에서
승리하는 길

Q. 여러분이 십자가의 은혜를 누림으로 회복되고 치유되어야 할 부분은 무엇입니까?

⊙ 죄의 문제가 해결되지 않고, 마음속에 상처가 있으면 마귀와 영적인 전쟁에서 승리할 수 없습니다. 십자가의 보혈을 의지하여 마음이 치유되었음을 고백하는 시간을 갖도록 인도하십시오.

Q. 그동안 여러분에게 피해를 주고 힘들게 하는 사람들에게 어떻게 대했습니까? 앞으로 그런 사람이 있다면 어떻게 대하겠습니까?

⊙ 악을 악으로 대하지 말고 선으로 악을 이겨야 하며, 용서하고 사랑하는 것이 영적으로 승리하는 것임을 강조해 주십시오.

핵심 요약 우리가 영적 전쟁에서 이기기 위해서는 첫째, 싸움의 대상을 바로 알아야 합니다. 그 대상은 사람의 배후에서 역사하는 악한 영들입니다. 둘째, 우리 자신이 죄 사함과 치유를 받아야 합니다. 마귀는 우리의 약한 부분인 죄와 상처를 통해 우리를 넘어뜨리려고 하기 때문입니다. 셋째는 무엇보다 마음을 지켜야 합니다. 마음을 지키는 길은 24시간 주님을 바라보는 것입니다. 넷째는 작은 싸움도 중요하게 여겨야 합니다. 마귀가 주는 나쁜 생각을 우리가 계속 품고 있으면 마음이 굳어지고 작은 죄를 허용하면 더 큰 죄를 짓게 됩니다. 다섯째는 하나님께서 우리에게 주신 권세를 사용해야 합니다. 마귀는 우리 힘으로 이길 수 없습니다. 예수님의 이름에 권세가 있음을 믿고 나아가야 합니다. 여섯째는 반대 정신으로 살아야 합니다. 마귀와 싸우려면 마귀가 좋아하는 것을 끊고, 마귀가 싫어하고 괴로워하는 것으로 싸움을 해야 합니다.

05
하나님의
전신 갑주를 입으라

○ 믿음은 환경이나 감정에 의지 하지 않고 예수님을 계속 바라볼 때 생기는 것임을 강조하십시오.

Q. 여러분에게 가장 믿어지지 않지만 성경에서 믿으라고 하는 진리는 무엇입니까?

○ 평소에 기억하고 따르는 말씀을 나누도록 하고, 그런 말씀이 없다면 이번 기회를 통하여 말씀을 붙잡는 시간이 되도록 권면하십시오.

Q. 만약 여러분에게 영적인 위기가 닥친다면 어떤 말씀으로 그 위기를 극복할 수 있을까요?

핵심 요약
하나님의 전신 갑주는 우리와 함께하시는 예수님입니다. 우리가 마귀와의 시험에서 이기는 길은 예수님 안에 거하는 것입니다. 진리이신 예수님을 붙잡아야 합니다. 체험이 아닌 진리로 믿어야 시험에 넘어지지 않습니다. 죄를 짓지 않으려고 노력하는 것이 아니라 의로우신 예수님을 바라봐야 합니다. 주님이 주시는 마음은 평안입니다. 주님이 함께하시면 어떤 형편에도 평안할 수 있습니다. 우리가 예수님을 계속해서 바라볼 때 불화살도 막을 수 있는 믿음이 생깁니다. 구원의 투구를 쓰는 것은 예수님을 생각하는 것입니다. 우리는 마귀를 공격할 무기를 가지고 있는데 그것이 말씀입니다. 말씀에 순종하면 강력한 검이 마귀의 심장을 찌르게 됩니다.

마무리
(10분)

1. 함께 기도하기

   • 개인 기도제목을 나눕니다.

   • 인도자가 단원 주제에 맞는 기도제목을 제시하고

   개인 기도제목과 함께 기도합니다.

   • 인도자가 마무리 기도하고 주기도문으로 마칩니다.

2. 광고

   • 다음 모임에 대한 안내와 다음 주 공부할 단원을 짧게 소개합니다.

   • 성경암송 과제는 마태복음 28:18-20 입니다.

   • 간증문 작성 가이드를 참조하여 간증문을 준비하도록

   다시 한 번 안내합니다.

   • 12단원은 전도에 대한 내용으로, 주변에 믿지 않는 사람에게

   복음을 전하도록 과제를 내주십시오.

12

전도자의
사명

그러므로 너희는 가서 모든 민족을 제자로 삼아
아버지와 아들과 성령의 이름으로 세례를 베풀고
내가 너희에게 분부한 모든 것을 가르쳐 지키게 하라
볼지어다 내가 세상 끝 날까지
너희와 항상 함께 있으리라 하시니라

마태복음 28:19-20

12단원 핵심영상강의
youtu.be/M5B1g812KIY

소그룹
나눔 | 인도자용

마음열기
(8분)

- 찬양 : 주는 나를 기르시는 목자(570장), 주님 말씀하시면
- 기도 : 미리 정해진 순서에 따라 모임을 위해 기도합니다.

과제점검
(10분)

- 출석체크, 예습, Q.T여부, 기도생활
- 성경암송 점검 – 마태복음 28:19-20

  그러므로 너희는 가서 모든 민족을 제자로 삼아 아버지와 아들과

  성령의 이름으로 세례를 베풀고 내가 너희에게 분부한 모든 것을

  가르쳐 지키게 하라 볼지어다 내가 세상 끝날까지 너희와

  항상 함께 있으리라 하시니라

- 지난 주 과제인 전도를 했는지 여부와 그 느낌을 나눕니다.

도입질문 및
각 과별 진행
(92분)

Q. 전도에 대한 특별한 경험이 있다면 나누어주세요.

  또는 지난주 과제인 전도를 수행하면서 어떤 결과가 있었는지

  나누어주세요.

01
전도,
정말 어려운 것인가?

Q. 만약 여러분이 천국과 지옥이 있음을 분명히 알았다면 누구에게 그 사실을 알려 주겠습니까?

◑ 전도의 결실이 없는 것은 사람들이 복음을 받아들이려고 하지 않는 외적인 문제보다, 우리 안에 전도의 문이 닫혀 있는 게 더 큰 문제라는 점을 깨닫게 해주십시오.

핵심 요약 모든 그리스도인은 전도자입니다. 예수님과의 관계가 실제인 사람에게 전도는 쉬운 일입니다. 전도는 우리가 예수님 안에서 누리고 사는 감격을 증거 하는 것만은 아닙니다. 우리와 함께 계시는 예수님을 만나는 길이며 우리 영혼이 사는 길입니다. 이것이 어려워도 전도를 해야 하는 이유입니다.

02
전도자의
영적 상태

● 영적 생활을 위하여 훈련 받고 힘쓰는 것이 없다면 그것이 바로 서서히 내리막길을 걷고 있다는 증거입니다. 질문에 답하게 한 후에, 교회 안에 훈련 과정이 운영되고 있다면 제자훈련을 마친 후에 그 훈련 과정에 꼭 참가하도록 도전하십시오.

Q. 여러분은 영적 성장을 위하여 어떤 목표와 열정을 가지고 있습니까?

● 전도에 대한 생각과 태도가 이전과 달라졌는지 점검하고, 전도에 대한 마음이 열리도록 함께 기도하는 시간을 갖는 것도 좋습니다.

Q. 여러분의 삶은 갈릴리 바다와 사해 중 어느 바다와 같습니까? 여러분의 영적 상태를 진단해보세요.

핵심 요약

전도는 우리의 영적 상태를 점검해 주는 시금석과 같습니다. 전도를 통하여 어떤 영적 상태를 점검할 수 있을까요? 첫째, 나는 주님을 진정으로 사랑하는지 알게 합니다. 전도는 '우리가 주님을 이용하는 사람인가' 아니면 '사랑하는 사람인가'를 진단해줍니다. 둘째로 나의 영적인 상태를 진단해줍니다. 영적으로 죽어 있고 목표 의식이 없는 사람이 전도에 열정을 쏟는 법은 없기 때문입니다. 셋째로 나는 하나님의 은혜의 통로 역할을 하고 있는지 그렇지 않은지를 깨닫게 합니다. 다른 무엇보다도 전도는 가장 귀한 복을 나누는 것이기 때문입니다.

03
불신자의
영적 상태

Q. 그동안 여러분보다 부유하고 사회적 지위가 높은 사람을 어떻게 바라보 았습니까? 그들에게 자신 있게 예수 그리스도가 행복의 시작이라고 말 할 수 있습니까?

◐ 불신자의 영적인 상태는 영원한 죽음에 이를 수밖에 없는 상태라는 것을 강조해 주십시오.

Q. 불신자에게 전도할 때 어떻게 복음을 전했습니까? 당신이 전한 복음의 내용을 써보세요.

◐ 실제로 복음을 정확히 전 달하는 실습을 하는 것도 좋 습니다. 두 명씩 짝을 짓게 하 고 한 사람이 다른 한 사람에 게 복음의 내용을 설명하도 록 하고, 그것이 끝나면 역할 을 바꾸도록 하십시오. 단, 시간을 한 번에 3분 정도로 제한하도록 합니다.

핵심 요약 우리가 불신자의 영적 성태를 정확하게 알고 있다면 그들이 어떤 형편에 있든 지 '예수 그리스도가 행복의 시작'이라고 담대히 전할 수 있습니다. 겉모양이 어 떻든지 불신자들은 하나님과의 관계가 끊어진 채 마귀에게 사로잡혀 죄에 종 노릇하며 살고 있습니다. 불신자들은 결코 행복할 수 없습니다. 죄 때문에 끊어 진 하나님과의 관계를 회복하는 길은 복음밖에 없습니다. 그러므로 우리는 삶 의 현장에서 그리스도의 복음을 꼭 전해야 합니다.

04
전도와
영적 전쟁

◉ 복음으로 변화된 삶을 사는 것이 가장 강력한 전도의 메시지임을 깨닫도록 도와주십시오.

Q. 여러분은 하나님께서 허락하신 삶의 현장에서 세상의 소금과 빛으로 살고 있습니까? 삶으로 전도하려면 어떻게 해야 할까요?

◉ 마귀와의 영적 전쟁을 할 때 근본적으로 우리가 방어의 위치에 있는 것이 아니라 공격하는 위치에 있습니다. 마귀를 대적하며 전도하면 사탄의 문은 견디지 못하고 무너진다는 것을 강조하십시오.

Q. 여러분은 전도할 때 어떤 영적 전쟁을 경험했습니까? 그 경험을 써보세요.

핵심 요약
우리가 전도를 시작하면 가장 먼저 부딪히게 되는 것이 악한 영의 방해입니다. 전도를 해보면 귀신의 역사가 있다는 것을 알게 됩니다. 복음을 전할 때는 불신자를 사로잡고 있는 악한 영의 역사가 떠나가도록 중보해야 합니다. 그리스도인들이 세상의 소금과 빛으로 살지 않으면 아무리 복음을 유능하게 전해도 결국 전도할 수 없습니다. 세상과 반대 정신으로 살 때만 전도자의 삶은 악한 영의 역사를 몰아내는 빛이 될 수 있습니다. 전도하려면 그 지역을 사로잡고 있는 악한 영의 역사가 꺾어지고 하늘 문이 열려야 합니다. 마귀와 싸울 수 있는 유일한 곳이 교회입니다. 교회가 지역에 있는 이유는 생명의 복음을 전하기 위해서입니다.

05
당신은
한국 선교사이다

Q. 혹시 지옥에서 여러분에게 왜 그때 더 강권하지 않았느냐고 원망할 사람
   이 생각나지는 않습니까? 기억나는 사람이 있다면 써보세요.

Q. 하나님께서 파송하신 여러분의 선교지는 어디입니까? 그곳에서 어떻게
   하면 선교를 잘할 수 있을까요?

**핵심
요약**

우리가 세상을 살아갈 때 가장 복된 두 가지는 '하나님의 자녀가 되는 것'과 '복
음을 증거하며 사는 전도자의 삶'입니다. 어떻게 하면 그 복된 자리에 거할 수
있을까요? 첫째, 삶의 목적을 예수님께 두어야 합니다. 예수님이 삶의 목적이
되면 전도에 눈이 열립니다. 둘째는 전도자가 누릴 복을 바라보아야 합니다. 역
사는 모든 민족에게 복음이 전해져야 끝이 납니다. 그래서 전도가 가장 귀합니
다. 세상에서 성공하고 명예나 권세를 얻는 것보다 더 귀한 일이 전도자가 되는
것입니다. 셋째, 한국으로 파송된 선교사라는 의식이 분명해야 합니다. 모든 그
리스도인이 열방을 향하여 보냄을 받은 것은 아니지만 우리 모두 예수님을 증
거 하는 선교사로 부름을 받았습니다. 우리는 한국에 파송된 선교사이고 가정
과 이웃, 직장, 학교가 하나님께서 허락하신 선교지입니다

❍ 사람을 가장 사랑하는 방법은 전도하는 것입니다. 천국과 지옥을 정말 확신한다면, 그 사람을 내가 정말 사랑한다면, 그 사람이 귀찮아하고 싫어한다고 해도 전도해야 합니다. 아이가 싫어한다고 아픈 아이를 병원에 데려가지 않는 사람은 없습니다. 가까이 있는 사람이지만 복음에 대해 부정적인 반응을 보이는 사람이 있다면, 포기하지 말고 복음을 전하도록 도전하십시오.

❍ 모든 그리스도인은 선교사로 나가지 않는다고 하더라도 각자 삶의 현장에서 전도자로 부름을 받은 것입니다. 어떤 사람은 직장의 선교사로, 어떤 사람은 사업장의 선교사로, 어떤 사람은 학교 선교사로 부름을 받았습니다. 강의 내용을 이해했다면 그런 식의 대답이 나올 것입니다. 반원들이 각자 삶의 현장에서 복음 전도자로 부름을 받은 선교사임을 깨닫고 사명감과 자부심을 가질 수 있도록 도와주십시오.

❍ 제자훈련을 마친 후에 수여하는 증서도 수료증이 아니라 파송장입니다. 수료식을 준비하면서 파송장도 함께 준비하십시오.

마무리
(10분)

1. 함께 기도하기

   • 개인 기도제목을 나눕니다.

   • 인도자가 단원 주제에 맞는 기도제목을 제시하고

     개인 기도제목과 함께 기도합니다.

   • 인도자가 마무리 기도하고 주기도문으로 마칩니다.

2. 광고

   • 다음 주에 할 간증 모임에 대해 알려 주시고 그때까지 꼭 간증문을

     제출하도록 안내하십시오. 간증문을 제출하지 않으면

     수료할 수 없음도 함께 설명해주어야 합니다.

   • 수료식 일정을 알려 줍니다.

인도자용
부록

《예수님의 사람》제자훈련 진행 매뉴얼 ㅣ 예수동행훈련 시리즈 커리큘럼 소개
《예수님의 사람》제자훈련 간증문 작성 가이드, 간증문 샘플
제자훈련 모집 안내 및 지원서, 강사보고서, 도우미보고서, 개인 체크리스트, 수료증 샘플 ㅣ 성경암송카드

제자훈련의 전체적인 흐름

준 비 (8주전) 〉 훈련생 모집 (6주전) 〉 오리엔테이션 (1주차) 〉 단원별 진행 (2~13주차) 〉 간증 모임 (14주차) 〉 수료식 (15주차)

준비 단계

1. 사전 준비

- 제자훈련을 처음 시작하는 경우라면 전체 교우들을 대상으로 제자훈련의 필요성 과 도입을 알리는 시간을 갖습니다.
- 제자훈련을 섬길 수 있는 강사나 여타 상황을 고려하여 제자훈련의 전체적인 규모 를 정합니다. 처음부터 많은 인원을 제자훈련에 참여하게 하는 것을 목표로 하기 보다는 차근차근 진행해 나가는 것이 바람직합니다.
- 제자훈련은 봄, 가을로 1년에 2회 정도 진행하는 것이 적당합니다.

2. 훈련생 모집

- 주보에 모집 광고를 냅니다. 모집 광고에는 훈련 과정에 대한 안내, 모집 인원, 모집 기간, 등록비 등에 대한 안내가 포함되어야 합니다.

- 모집 광고와 함께 접수를 시작합니다. 접수할 때는 접수 규칙(시기나 방법)을 정해 놓고 엄격하게 적용합니다.
- 모집 인원은 준비된 강사의 숫자에 준해서 뽑습니다. 목회자 혼자서 한 번에 여러 반을 운영하는 것보다 한 번에 한반씩만 운영하는 것이 장기적으로 좋습니다.

3. 반 편성

- 접수가 완료되면 반 편성을 시작합니다. 한 반에 7~10명이 적당하며 10명 이상일 경우 충분한 토론 시간을 갖기가 어렵습니다.
- 반편성은 남자반과 여자반을 구분하고, 가급적 비슷한 연령대로 반을 편성하는 것이 좋습니다. 제자훈련의 효과를 높이기 위한 것이지만 불가피한 경우 나이 차이가 있어도 무방합니다.

4. 도우미의 모집과 배치

- 도우미는 제자훈련 기간 동안 강사를 도와 제자훈련이 원활하게 진행될 수 있도록 돕는 보조자 역할을 감당하는 사람을 말합니다. 만약 제자훈련을 처음으로 시작한다면 강사가 도우미 역할까지 겸하고, 이후로는 제자훈련을 수료한 사람을 대상으로 강사의 추천을 받아 세우도록 합니다.
- 개강 1주 전에 도우미 모임을 갖고 도우미 역할에 대해 교육합니다.

도우미 역할

구 분	세부역할	
개강준비		• 반 편성표를 받으면 오리엔테이션에 훈련생들이 모두 참석할 수 있도록 연락합니다. • 사전에 반별 모임 장소를 확인하고 이동시 훈련생들을 안내합니다. • 반별 모임에서 반장을 선출합니다. • 도우미 보고서를 작성하여 제출합니다.
중보기도		• 도우미 자신이 강사와 훈련생들을 위하여 매일 기도합니다. • 훈련을 위한 기도제목과 훈련생 개인의 기도제목을 구체적으로 준비합니다. • 반원들 간에 서로 기도할 수 있도록 돕습니다.
반원관리		• 매주 한 번씩은 전화 심방을 통해 예습 상황과 전체적인 상황을 파악합니다. • 훈련생들이 훈련을 끝까지 마칠 수 있도록 격려하고 돕습니다. • 결석자가 있을 경우, 결석 사유를 파악하여 보고서에 기록합니다. • 훈련생에게 특별한 문제가 있는 경우, 강사나 제자훈련 담당 목사에게 보고하여 조치하도록 합니다.
강의진행 협조	강의 준비	• 강의가 시작되기 전 출석부, 명찰 등을 준비합니다. • 훈련 장소를 미리 정리하고 준비합니다. • 강의가 시작되기 전 출석과 과제를 점검하고 보고서에 기록합니다.
	간식 준비	• 간식을 준비해 휴식 시간에 함께 나눌 수 있도록 합니다. • 혼자 준비하지 말고 훈련생들이 돌아가면서 준비하도록 안내합니다.
	나눔	• 도우미는 훈련된 조교 역할을 해야 합니다. 강사의 요청이 있을 경우, 적극적으로 나눔에 동참하여 강의 진행을 돕습니다.
주의 사항		• 자신이 알고 있는 것을 강사와 공유해야 합니다. • 불가피한 일을 제외하고 결석하거나 지각하는 일이 있어서는 안 됩니다. • 제자훈련에 대해 부정적인 이야기를 하거나 동조해서는 안 됩니다. • 보고서의 중요성을 인식하고 보고서를 철저하게 작성해야 합니다.

5. 강사의 준비

반 편성이 완료되면 반 편성표를 강사에게 전달합니다. 제자훈련 강사들은 다음과 같은 준비 과정이 필요합니다.

- 교재의 내용을 성도들에게 가르치려고 애쓰기 전에 훈련생이 된 심정으로 교재를 처음부터 읽고 교재의 질문에 솔직하게 답을 적으십시오.
- 교재를 여러 번 반복해서 읽음으로써 전체적인 흐름을 파악하고, 어떻게 제자훈련을 이끌어갈지 강의 계획을 세워야 합니다.
- 제자훈련과 훈련생들을 위해 기도하는 시간이 필요합니다. 훈련생들의 영적 상태와 삶의 형편 등을 미리 파악하고 기도할 수 있다면 더욱 좋을 것입니다.

오리엔테이션

- 제자훈련 시작하기 1주 전에 강사, 도우미, 반원들이 함께 오리엔테이션 모임을 갖습니다. 오리엔테이션은 제자훈련 진행상 매우 중요한 시간입니다. 그러므로 훈련생 모두가 참여하게 하고, 불참 시 제자훈련에 참여할 수 없다는 것을 사전에 공지하도록 합니다.
- 오리엔테이션은 전체 강의(1부)와 반별 모임(2부)으로 나누어 진행합니다.

오리엔테이션 진행 순서

출석 체크 **(10분)**	• 반 편성표를 모임 장소 입구에 부착합니다. • 입구에서 출석 체크를 합니다. • 교재를 나누어 줍니다. • 좌석은 반별로 앉을 수 있도록 지정해 둡니다.

찬양
(15분)
• 마음을 열고 함께 찬양합니다.

강의
(40분)
• 강사를 반별로 소개하고 인사하도록 합니다.
• 서론 강의는 제자훈련의 필요성, 제자훈련 받는 자세, 교재를 공부하는 방법에 대해 강의합니다. 교재 16-23쪽을 참조하십시오.

광고 및
이동
(5분)
• 개강 일시와 각 반의 모임 장소를 알려 줍니다.
• 반별 모임 장소로 이동합니다.

반별 모임
(40분)

환영 및
자기소개
(10분)
• 환영의 메시지를 전하고 강사 자신과 도우미를 소개합니다. 도우미를 소개할 때 도우미의 역할도 함께 안내합니다.
• 강사가 반 모임을 성령께서 주관해 주시도록 기도합니다.
• 반원들에게 자기소개와 제자훈련에 대한 기대를 간단히 나누도록 합니다.

강의안내
및 주의사항
전달
(10분)
• 교재의 예습과 과제에 대해서 안내합니다.
• 성경암송 카드를 나누어 주고 활용법을 안내합니다.
• 주의사항 및 제자훈련에 진행상 도움이 될 만한 것들을 전달합니다. 결석은 2회까지 가능하나 결석하면 보강해야 합니다.
• 훈련생들에게 진행 사항에 대해 질문할 것이 있는지를 묻고 질문에 대답합니다.

다음 모임
준비
(5분)
• 다음 모임부터 대표 기도할 사람의 순번을 정합니다.
• 가능하다면 찬양 인도자를 세워도 좋습니다.
• 반을 대표할 반장을 선출합니다.
• 훈련생들의 연락처를 공유합니다.

서약 및 합심 기도 (10분)	• 교재의 맨 앞장에 있는 서약서를 읽은 후 서명란에 서명하게 합니다. • 한 사람씩 돌아가며 기도 제목을 짧게 나누고, 제자훈련을 위해 함께 기도합니다. 마무리 기도는 강사가 하거나 도우미가 하도록 합니다.
마무리 (5분)	• 반원 한 사람 한 사람과 악수하고 가능하면 허그 하며 축복합니다. • 반원들에게 다음 모임 장소와 시간을 안내하고 귀가하도록 합니다. • 보고서를 작성합니다.

단원별 진행 안내

《예수님의 사람》 제자훈련 교재는 총 12주 과정으로 구성되어 있습니다. 한 주에 한 단원씩 12주 동안 각 반별로 진행합니다. 가급적이면 휴강 없이 12주를 진행하는 것이 훈련에 도움이 됩니다.

1 제자훈련의 전체적인 시간 배분

• 제자훈련 모임 시간은 2시간에서 2시간 30분 정도로 하며, 최대 2시간 30분을 넘기지 않는 것이 좋습니다.

• 찬양과 출석, 과제 점검을 10분 정도로 한 뒤 강의와 나눔은 한 과당 20분 이내로 진행합니다. 각 과의 내용에 따라 시간은 탄력적으로 운영할 수 있습니다.

• 1시간 동안 진행한 후에 10분 정도 휴식 시간을 갖습니다. 휴식할 때는 준비된 간식을 나누며 교제하는 시간을 갖습니다.

- 마무리는 찬양과 기도를 합하여 10분 정도가 적당합니다. 뜨겁게 기도하도록 하고 중보기도가 필요한 사람을 위하여 따로 기도하는 시간을 가질 수도 있습니다.

2. 제자훈련을 인도할 때 주의 사항

- 강사 주도적인 분위기를 지양하고 훈련생들이 적극적으로 참여할 수 있는 방식으로 진행합니다. 강의는 핵심 내용 위주로 간결하게 하고 질문을 중심으로 훈련생들의 토론과 나눔 중심으로 진행합니다. 강의가 전체 시간의 50%가 넘지 않도록 주의합니다.

- 성경을 읽고 답하는 식의 단순한 질문은 한 사람씩 돌아가며 답하도록 하고, 개인적인 의견을 묻는 질문은 가급적 많은 사람이 나누도록 합니다. 어떤 질문은 3~4명, 어떤 질문은 전체적으로 다 나누도록 합니다. 이때 훈련생들 각자의 마음을 솔직하게 고백할 수 있도록 인도하는 것이 중요합니다.

- 질문에 대한 답을 나눌 때 어떤 부분에서는 인도자가 마음을 열고 자신의 이야기를 나누도록 합니다. 훈련생들에게만 자신의 이야기를 하도록 하는 것은 바람직하지 않습니다.

- 훈련생 중 어떤 한 사람에게 시간이 편중되지 않도록 진행합니다. 대답이 너무 길어지면 양해를 구하고 끝내도록 합니다.

- 개인적인 상담이 필요한 문제인 경우 제자훈련 시간에 해결하려고 하기 보다는 훈련생을 따로 만나서 상담하도록 합니다.

- 어떤 경우에도 훈련생이 인격적으로 무시 받는다는 느낌을 받지 않도록 해야 합니다.

3. 노방 전도

- 12주 동안의 제자훈련 기간에 최소 2회 이상 노방 전도에 참여하도록 합니다. 제자훈련을 시작하면 일단 제자훈련 모임이 정착되는 것이 중요하기 때문에 노방 전도는 4주차 이후에 실시하는 것이 바람직합니다.
- 노방 전도는 제자훈련 모임 시간 전이나 제자훈련을 마친 후, 또는 다른 날짜를 이용하여 실시할 수 있습니다.
- 노방 전도 시간은 1시간에서 2시간 정도가 적당합니다.

노방 전도 진행 순서

순서	내용
준비	• 노방 전도 장소를 파악하고 이동 시 혼선이 없도록 훈련생들에게 미리 알려 줍니다. • 도우미는 반원들이 약속된 시간과 장소에 도착하도록 안내합니다. • 도우미는 현수막과 전도 물품을 인원수대로 준비합니다.
집합 및 기도	• 반별로 집합 장소에 모입니다. • 강사의 인도로 노방 전도를 위해 합심으로 기도하고 강사가 마무리 기도합니다.
이동	• 차량 운행자는 차량을 신속하게 준비합니다. • 전도 현장으로 이동합니다.
노방 전도	• 사람이 많이 다니는 곳에 자리를 잡습니다. • 강사가 간단히 전도 방법을 안내합니다. 3명 정도는 현수막을 잡은 채로 사람들을 향해 인사하며 "예수 그리스도가 행복의 시작입니다."라고 외칩니다. • 나머지 훈련생들은 지나가는 사람들에게 "○○교회에서 나왔습니다. 예수 믿으세요."라고 말하며 전도지나 전도 물품을 나눠 줍니다. • 전도 대상자가 반응을 보일 때는 교회에 대해 안내해 주거나 강사에게 안내하게 합니다. • 강사는 전도를 끝내고 다시 모이는 시간을 공지합니다.

- 강사와 도우미가 적극적으로 나서서 전도의 모범을 보입니다.
- 전도가 끝나면 강사의 인도로 반원들끼리 손을 잡고 마무리 기도를 합니다.

이동	• 전도가 끝나는 대로 교회로 이동합니다.
제자 훈련	• 제자훈련을 시작하기 전에 잠시 휴식 시간을 가질 수 있습니다. 노방 전도에 대한 느낌을 나누어도 좋습니다. • 제자훈련 시간을 조정하여 너무 늦게 끝나지 않도록 주의합니다. • 강사는 노방 전도 상황을 강사 보고서에 기록합니다.

간증 모임

- 13주까지 마치면 14주째 간증 모임을 갖습니다. 간증문 작성 가이드를 참조하여 10단원부터 간증문을 준비시키고 간증 모임 전까지 간증문을 제출하도록 합니다.
- 수료식이나 수료 예배 때 모든 사람이 다 간증할 수 있는 시간이 없기 때문에 반원들이 다시 모여서 준비한 간증을 나누는 시간이 필요합니다. 서로의 간증을 듣는 것은 제자훈련 시간에 느낄 수 없었던 또 다른 감동을 느끼게 합니다.
- 간증 모임은 전체적으로 진행하지 않고 제자훈련 모임처럼 각 반별로 진행합니다.
- 제자훈련 반이 많은 경우, 각 반별로 간증 모임을 진행하고 수료식 때 대표로 간증할 간증자를 추천하도록 합니다.

간증 모임 진행 순서

순서	내용
찬양(10분)	• 밝은 찬양으로 선곡하여 찬양을 부릅니다.
간증 나눔	• 지정된 순서에 의하여 모든 훈련생이 간증문을 낭독하도록 합니다. 간증문은 최대 5분이 넘지 않도록 사전에 공지합니다. • 한 사람의 간증문 낭독이 끝나면 모든 훈련생이 박수로 격려합니다. • 훈련생들이 서로 상의하여 수료식 때 대표로 간증할 훈련생을 추천합니다.
축복 기도(5분)	• 모든 훈련생의 간증이 끝나면 서로 축복하며 예수님과 동행하는 제자의 삶을 살 수 있도록 합심으로 기도하고 강사의 축복 기도로 마무리합니다.
광고(2분)	• 수료식 일정을 안내하고 준비 사항을 전달합니다.
교제	• 간증 나눔이 끝나면 다과를 나누거나 식사하며 교제를 갖습니다.

수료식

• 제자훈련 과정을 마친 후 곧바로 수료식을 갖습니다. 수료식을 갖는 목적은 12주 동안의 제자훈련을 잘 마쳤음을 축하하는 의미와 이제 제자로서의 삶을 살 것을 새롭게 결단하는 시간을 갖는다는 의미가 있습니다.

• 제자훈련 수료식은 주일 오후 예배나 저녁 예배 때 진행할 수 있습니다.

• 수료식은 제자훈련 수료자들의 간증이 중심이 되도록 진행합니다. 간증 모임을 통해 각 반에서 선발된 간증자를 대표 간증자로 세웁니다. 수료 인원이 적은 경우, 모

든 훈련생이 간증할 수 있게 합니다.

- 수료식에는 이전 기수 수료생들이 참석하도록 하여 격려하고 축하할 수 있도록 합니다. 제자훈련을 받지 않은 교우들도 참석하게 하면 제자훈련에 강력한 동기를 부여할 수 있습니다.
- '수료증'은 한국으로 파송된 선교사라는 의미부여로 '파송장'으로 대신할 수 있습니다.

수료식 진행 순서

순 서	내 용
사전 준비	• 수료증, 반별 이름표 등을 준비해 놓습니다. • 대표 간증자들은 따로 자리를 배치합니다. • 간증자들을 예배 시작 30분 전에 참석하게 하여 간증 순서와 방법을 전달하고 리허설을 합니다.
찬양(10분)	• 수료를 축하하는 멘트로 찬양을 시작합니다.
대표기도(3분)	• 대표 기도자가 나와 기도합니다.
학사보고(3분)	• 반 구성, 강사, 도우미, 수료생 등 제자훈련 진행 사항에 대해 간단히 언급합니다.
수료식(5분)	• 반별로 이름을 호명하면 강단 앞으로 나와 차례로 섭니다. • 반원들의 이름과 반별 사진을 화면상으로 보여 줍니다. • 담임목사가 한 사람씩 수료증을 전달하고 악수나 포옹을 합니다.
간증	• 간증은 한 명당 5분으로 정합니다. 수료 인원이 적을 경우, 모든 훈련생이 간증을 하도록 합니다. • 정해진 순서대로 나와 간증합니다. • 간증자는 본인의 반과 이름을 소개합니다. 간증자가 간증을 마쳤을 때만 박수를 치도록 합니다.

말씀(15분)	• 제자로서 살 것을 결단하게 하는 말씀을 전합니다.
광고(3분)	• 제자훈련에 관련된 광고나 기타 광고를 합니다.
결단의 찬양(3분)	• 수료생과 참석자가 다 같이 일어서서 찬양합니다. • 찬양 : 우릴 사용하소서
축도(1분)	• 축복하는 기도로 마칩니다.
축복의 시간	• 수료생들에게 꽃다발을 전달하고 축하하는 시간을 갖습니다. • 다과를 준비한 장소로 이동해 자유롭게 교제의 시간을 갖습니다.

전체적인 흐름

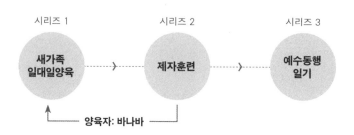

1. 새가족 일대일 양육(10주)

새가족으로 등록하시면 바나바와 함께 일대일로 양육을 받게 됩니다. 새가족 양육 과정을 통하여 믿음의 기초를 바르게 세우는 것은 물론, 성도의 교제를 통하여 교회에 대한 소속감을 갖게 되고, 교회를 사랑하게 되는 은혜를 누릴 수 있습니다. (바나바 : 제자훈련을 마친 분들 중에 양육자로 섬기도록 세움 받은 사람.)

• 대상 : 새가족으로 등록한 교우
• 교재 : 《당신은 행복하십니까?》

2. '예수님의 사람' 제자훈련(15주)

하나님께서 쓰시는 사람은 제자로 훈련된 사람입니다. 예수님은 소수의 제자를 선택하셨지만 철저하게 훈련하는 방법을 쓰셨습니다. '예수님의 사람'제자훈련은 내 안에 계신 예수님과 인격적인 관계를 맺고 동행하는 삶을 훈련함으로써 예수님의 제자로 살도록 돕는 과정입니다.

- 대상 : 새가족 양육 수료자

3. '예수동행일기' 제자훈련(8주)

예수님을 바라보고 예수님과 동행하는 것은 한 번의 체험이 아니라 일평생 계속되어야 할 삶입니다. '예수동행일기' 제자훈련은 '예수님의 사람' 제자훈련 이후, 24시간 예수님을 바라보며 나는 죽고 예수로 사는 것을 실제적으로 누릴 수 있도록 훈련하는 과정입니다.

- 교재 : 《예수동행일기》

단원별 진행 (6주) → 간증모임 (1주) → 수료식 (1주)

제자훈련을 받고 계신 훈련생 여러분을 사랑하고 축복합니다.

이제 제자훈련이 막바지에 이르렀습니다. 제자훈련 과정의 하나인 제자훈련 수료 간증문 준비에 대해 안내합니다. 훈련받는 동안 받은 은혜가 많다고 말씀을 하시지만, 그것을 정리하여 고백하지 않으면 어떤 은혜를 받았는지 명확하지 않을 뿐더러 받은 은혜를 내 것으로 붙들기 어렵습니다. 내가 어떤 은혜를 받았는지 구체적으로 정리하여 보고, 앞으로의 삶 속에서 그 깨달음을 어떻게 적용할 것인지 결단한 것을 구체적으로 써보시기 바랍니다. 또한 간증문은 나의 신앙에 유익할 뿐 아니라, 다른 사람에게 하나님이 행하신 일을 드러냄으로써 하나님께 영광을 돌릴 수 있는 귀한 기회가 되기도 합니다.

아래의 가이드에 따라 간증문을 작성하시되 잘 쓰고자 하는 마음의 부담을 내려놓고 성령님의 도우심을 간구하며 정직하게 작성하시길 바랍니다. 감사합니다.

1. 간증문 제출 안내

- 간증문 분량 A4 1매 내외
- 제출 방식 한글이나 워드로 작성한 후 강사에게 메일로 보내 주시기 바랍니다.
- 제출 마감 ○○○○년 ○○월 ○○일까지

※ 주의사항 : 간증문을 기간 내에 제출하지 않으시면 수료하실 수 없습니다.

2. 간증문 작성 가이드

- 제자훈련을 받게 된 동기는 무엇입니까?
- 1~12단원 중에서 가장 은혜를 받은 단원은 몇 단원입니까?
- 특히 어떤 과의 어떤 내용에서 은혜를 받으셨습니까?
- 은혜 받은 말씀을 어떻게 삶에 적용하셨습니까?
- 제자훈련을 받기 전과 받고 나서 스스로 달라진 점이 있다면 어떤 점입니까?
- 예수님의 제자로서 앞으로의 각오와 결단은 무엇입니까?

※ 위의 여섯 가지 가이드에 따라 간증문을 자유롭게 써주세요.

제자훈련 간증

제자훈련 ○○기 화요반 ○○○

새가족 양육 수료 후 주님에게 받은 사랑과 은혜와 기쁨이 넘쳐흘러 믿지 않는 친구들에게 내가 사랑하는 예수님을 말해주고 싶었으나 저는 자신 있게 내가 믿는 주님에 대해 어떻게 설명을 해야 할지 몰랐습니다.

성경을 읽어도 잘 이해가 안 되고 기도도 서툴고 누군가 나의 믿음에 대해 물어도 분명하고 확실하게 말 할 수 없었습니다. 그래서 저는 예수님의 제자가 되어 성경을 잘 읽고 기도도 잘하는 믿음의 자녀가 되고 싶어 제자훈련을 시작하였습니다. 그러나 첫 단원부터 제가 생각했던 제자훈련과는 너무 달랐습니다. 말씀 공부를 하는 것도 아니었고 기도 훈련을 하는 것도 아니었습니다. 나의 죄를 깨닫게 하고 나의 죄를 드러내 고백하게 하는 것으로 제자훈련은 시작되었습니다. 이런 과정들로 마음에 눌림이 오면서 내가 올 곳이 아닌 것만 같았고 두려운 생각과 부담을 안고 계속 해야만 하는지 고민도 했습니다. 하지만 이미 시작했으니 순종하는 마음으로 끝까지 하고자 결단하고 주님께 기도를 드리며 제자훈련에 임했습니다.

한 주 한 주 시간이 지나면서 처음 이런 마음과는 달리 하루하루 제자훈련을 해나가는 동안 주님이 내 안에 거하시는 것을 체험하며 《예수님의 사람》 교재를 묵상하는 시간이 얼마나 은혜와 감사가 됐는지 모릅니다. 불신자인 남편으로 인해 교회생활이 자유롭지 못한 것에 대해 두려움과 염려로 실의에 빠져있을 때 기도는 주님과의 친밀함을 나누는 교제이며, 나의 연약함을 인정하고 성령의 인도하심으로 기도해야 한다는 것을 알게 하셨습니다.

"오직 성령이 말할 수 없는 탄식으로 우리를 위하여 친히 간구 하시느니라."이 말씀이 저에게는 한없는 위로가 되었으며 저를 위해 탄식으로 구하신다는 주님을 신뢰하며 믿음으로 두려움과 염려를 떨쳐버릴 수 있었습니다.

매주 제자훈련이 쉬웠던 것은 아니었습니다. "이 정도면 되지 않을까, 이번 한 번쯤은 봐

줄 수 있지 않을까."라고 마음속에서 사탄의 유혹이 속삭였습니다. 하지만 이런 생각들은 제자훈련을 통해 분별하게 되었고 이길 수 있는 힘을 주셨습니다. 저는 과거의 죄에 대해 얽매여 제 자신을 정죄하고 있었습니다. 그것이 죄라는 것도 모르고 있었습니다. 그러나 제자 훈련을 통해 마귀의 실체를 알게 되고 이런 마음들도 마귀의 공격임을 알았습니다. 이미 하나님께서는 우리에게 전신 갑주를 주셨으니 믿음으로 마귀를 물리쳐 '나는 죽고 예수로 사는 사람'임을 고백하게 하셨으며 나를 그리스도 안에서 자유케 하시기 위해 내 죄를 드러내게 하신 것을 알게 되었습니다. 이제는 어떠한 마귀의 공격에도 두려워하지 않으며 '이전 것은 다 지나가고 새로운 피조물'이 되었다고 하신 말씀을 분명히 믿게 하셨습니다.

길 것만 같았던 제자훈련 12주 과정을 마치며 처음의 두려움은 사라지고 이제는 아쉽기만 합니다. 특히 제자훈련 중 쓰기 시작한 예수동행일기는 하나님을 더욱 바라보게 하는 통로가 되었습니다. 예수동행 일기에 대해 부정적인 생각들이 있어 쓰기를 거부했었는데 제자훈련 나눔방이 만들어지면서 순종의 마음으로 쓰기 시작한 것이 어느덧 나의 일상이 되었고 더욱 주님을 바라보게 되었습니다. 이제는 일기를 쓰며 주님에게 나의 하루를 올려드리는 일이 즐겁기만 합니다. 예수동행일기를 통해 주님을 바라보는 시간들이 많아졌고 말씀을 통해 주님의 음성을 듣게 하셨습니다.

12주 동안 배운 것들을 배움에서 끝내는 것이 아니라 이제는 삶이 변하고 순종을 통해 주님의 능력을 증언하며 살겠다는 소망을 갖게 됩니다. 그리고 나의 믿음이 하나님을 뵈올 때에 성령의 열매를 맺게 되길 원합니다.

어제의 믿음으로 오늘을 살지 않고 매일매일 새로운 성령의 충만함으로 살기를 원하고 내일을 염려하지 않으며 즐겁거나 슬프거나, 또는 아프거나 고난이 오더라도 주님을 기쁘게 감사의 찬양을 드리며 한 걸음 한 걸음 주님 앞으로 나아가길 소망합니다.

제가 서 있는 곳, 머무는 곳이 선교지 임을 알고 주님의 나라를 위해 낮은 곳에서 순종하는 자로 살기를 원합니다. 주님이 하셨습니다. 오직 주님 한 분 뿐입니다.

제 5 기 예수님의 사람 제자훈련생 모집 안내

훈련자격 일대일 양육을 수료한 교우
훈련기간 2019년 8월 25일(주일)~12월 1일(주일)
등록기간 2019년 7월 21일(주일)~8월 11일(주일) 오후 2시
등 록 비 40,000원
개강날짜 2019년 8월 25일(주일) 오후 4시, 비전홀(B1층)
주의사항 ① 개강 예배(오리엔테이션)에 불참하시면 제자훈련을 받으실 수 없습니다.
　　　　　② 한번 편성된 반은 임의로 옮기실 수 없습니다.

〈제자훈련 지원서〉

성명	김미나			성별	□남　☑여	
생년월일	1980 년　3 월　20 일 (양)음)			직분	성도	
주소	경기도 성남시 수정구 헌릉로 999					
휴대폰	010-0303-0481	집 전화	321-0123	E-mail	wjm@gmail.com	
양육수료	새가족 일대일 양육을 수료하셨습니까?　☑예　□아니오					
봉사부서	현재 봉사하고 있는 부서가 있습니까?　　　　　□예(부서명:　)　☑아니오 제자훈련 중이나 마친 후에 봉사에 참여할 의사가 있습니까?　☑예　　　□아니오					
지원동기	새가족 양육 수료후 예수님을 더 깊이 알고 싶어서 지원합니다.					
참고사항	☑탁아도우미 필요　□임산부　□건강이상　특이사항:					
지원반 (희망하는 반에○표)	성 별	요 일	시 간		요 일	시 간
	남자	주일반	오후 3:00-5:00		화요반	오후 7:30-9:30
	여자	주일반	오후 3:00-5:00		화요 오전반	오전 10:00-12:00
					화요 오후반	오후 7:30-9:30

위와 같이 제자훈련에 지원합니다.

2019 년 8 월 11 일

신청인 :　김 미 나 (서명) 김미나

소속 : 1교구　　　담당교역자 :　홍 정 호 (서명) 홍정호

제자훈련 강사 보고서 / 주일 남자반

2월 24일 1단원   강사 : ○○○

결석자 명단 보강계획	결석자 없음			

훈련 상황	[상/중/하]에 '○'표 해주세요.	상	중	하
	1. 교재의 내용을 충분히 숙지하였습니까?		○	
	2. 훈련생들을 위하여 기도하였습니까?		○	
	3. 훈련생들의 이야기를 경청하고 공감하였습니까?	○		
	4. 훈련생들의 예습 상태는 양호합니까?		○	
	5. 훈련생들이 교재의 내용을 잘 이해하였습니까?	○		
	6. 훈련생들이 마음을 열고 나눔에 참여하였습니까?	○		

반의 영적 분위기	오리엔테이션 때보다 훨씬 분위기가 부드러워졌습니다. 아직 등 떠밀려 훈련에 참여하신 분들이 많아, 주님의 은혜와 마음의 변화가 필요한 상황입니다.

번호	성 명	신앙의 단계, 간증, 기도제목을 구체적으로 기록해 주세요.
1	○○○	마음이 많이 잡힌 상태이나, 아직 "나의 생명"으로 예수 그리스도를 영접하지는 못한 상태입니다. 계속된 기도가 필요합니다.
2	○○○	주님이 어디든 이끄시면 갈 준비가 되었는가? 라는 질문에 답을 하지 못하였습니다. 이에, 하나님의 선하심과 신실하심을 말씀으로 나누었습니다.
3	○○○	이전, 뜨겁게 신앙생활 했던 때가 있었고, 하나님께 헌신하고자 했던 시절을 나누어 주었습니다. 다시 주님과의 관계가 회복되길 기도하고 있습니다.
4	○○○	감기에 걸린 터라, 집사님이 제자훈련에 함께하기 어려워하셨습니다. 그러나 끝까지 함께 하였습니다. 아직은, 제자훈련 받을 준비나, 마음의 준비가 안 되어 있습니다. 그러나 주님께서 마음을 풀어 주시고, 바꾸실 것을 믿습니다.
5	○○○	주님이 이끄시면 무슨 일이든 순종인가 라는 질문에 아직은 그렇지 않다고 대답하였습니다. 주께서 믿음 주실 줄 믿습니다.
6	○○○	점점 더 믿음의 분명한 고백을 하고 있습니다. 주님께서 하시는 무슨 말씀이시든지, 아멘으로 순종하길 결단하는 고백을 했습니다.
7	○○○	모범적으로 참여합니다. 그러나 분명한 믿음의 고백과 결단에 있어선 아직은 분명한 반응을 하지 않습니다. 주께서 마음을 바꾸시고 결심하게 하실 줄 믿습니다.

특이 사항	강사인 저부터, 준비하는 일에나 진행하는 일에 마음이 풀어지지 않을 것을 생각하고 다짐하는 시간이었습니다.

제자훈련 도우미 보고서 화요일 여자반

일시	3월 24일	단원	5
강사	○○○ 목사님	도우미	○○○

번호	성명	출결사항	예습	QT	기도	통독	전화 심방보고서 (결석사유 및 기타)
1	○○○	○	○	○	○	○	
2	○○○	○	○	○	○		
3	○○○	○	○		○	○	
4	○○○						감기 몸살로 인해 결석했고, 다음 시간에는 참석하기로 함.
5	○○○	○	○	○	○	○	
6	○○○	○	○	○	○	○	
7	○○○	○	○	○	○	○	
8							
9							

참고사항

자기 점검표

기록 요령	출석	출석(○), 지각(/), 결석(×)	QT	횟수로 표기 / 예:(5)
	기도	30분 이상(○), 30분 이하(△)	예습	○, △, ×로 기록
	성경통독	읽은 장 숫자 기록/(예:34)	예배출석	주일-속회(○, ×), 새벽(횟수)
	성경암송	○, △, ×로 기록		

번호	주차	출석	예습	QT	기도	성경 암송	성경	예배출석					비고
								주일	수요	금요	속회	새벽	
1	오리엔테이션	○											
2	1주(2 / 24)	○	○	4	○	○	20	○	×	○	○	3	
3	2주(/)												
4	3주(/)												
5	4주(/)												
6	5주(/)												
7	6주(/)												
8	7주(/)												
9	8주(/)												
10	9주(/)												
11	10주(/)												
12	11주(/)												
13	12주(/)												
14	13주(/)												
15	14주(/)												

2020-25호

파 송 장

성명 : 김○○집사

위의 사람은 본 교회에서 실시하는

제31기 예수님의 사람 제자훈련을 성실히

수료하였기에 대한민국 선교사로 파송하는 바입니다.

(수료기간 : 2020년 8월 25일 - 2020년 12월 15일)

2020년 12월 15일

예수님과 동행하는 교회

담임목사 홍 길 동

성경 암송 카드

〈예수님의 사람〉은 각 단원별로 성경 암송구절이 있습니다.
성경 암송은 제자훈련의 효과를 더욱 높여줄 것입니다.

고린도전서 1:18

십자가의 도가
멸망하는 자들에게는
미련한 것이요
구원을 받는 우리에게는
하나님의 능력이라

1 —— 십자가의 능력

요한일서 1:9

만일 우리가 우리 죄를 자백하면
그는 미쁘시고 의로우사 우리 죄를 사하시며
우리를 모든 불의에서 깨끗하게 하실 것이요

3 —— 회개의 기쁨

에베소서 5:18

술 취하지 말라 이는 방탕한 것이니
오직 성령으로 충만함을 받으라

5 —— 성령 충만한 사람

고린도후서 13:5

너희는 믿음 안에 있는가 너희 자신을 시험하고
너희 자신을 확증하라 예수 그리스도께서
너희 안에 계신 줄을 너희가 스스로 알지 못하느냐
그렇지 않으면 너희는 버림받은 자니라

2 —— 내 안에 계신 예수 그리스도

갈라디아서 2:20

내가 그리스도와 함께 십자가에 못 박혔나니
그런즉 이제는 내가 사는 것이 아니요
오직 내 안에 그리스도께서 사시는 것이라
이제 내가 육체 가운데 사는 것은 나를 사랑하사
나를 위하여 자기 자신을 버리신 하나님의 아들을
믿는 믿음 안에서 사는 것이라

4 —— 나는 죽고 예수로 사는 사람

요한복음 10:27

내 양은 내 음성을 들으며
나는 그들을 알며
그들은 나를 따르느니라

6 —— 주님의 음성 듣기

예수님의
사람

Walking with Jesus

예수님의
사람

Walking with Jesus

예수님의
사람

Walking with Jesus

예수님의
사람

Walking with Jesus

예수님의
사람

Walking with Jesus

예수님의
사람

Walking with Jesus

마태복음 7:7-8

구하라 그리하면 너희에게 주실 것이요
찾으라 그리하면 찾아낼 것이요
문을 두드리라 그리하면 너희에게 열릴 것이니
구하는 이마다 받을 것이요 찾는 이는 찾아낼 것이요
두드리는 이에게는 열릴 것이라

7 —— 기도로 사는 사람

마태복음 13:44

천국은 마치 밭에 감추인 보화와 같으니
사람이 이를 발견한 후 숨겨 두고
기뻐하며 돌아가서 자기의 소유를 다 팔아
그 밭을 사느니라

9 —— 소망으로 사는 사람

에베소서 6:10-11

끝으로 너희가 주 안에서와
그 힘의 능력으로 강건하여지고
마귀의 간계를 능히 대적하기 위하여
하나님의 전신 갑주를 입으라

11 —— 영적 전쟁에서 승리하라

히브리서 11:6

믿음이 없이는 하나님을 기쁘시게
하지 못하나니 하나님께 나아가는 자는
반드시 그가 계신 것과 또한
그가 자기를 찾는 자들에게
상주시는 이심을 믿어야 할지니라

8 —— 믿음으로 사는 사람

고린도전서 13:13

그런즉 믿음, 소망, 사랑,
이 세 가지는 항상 있을 것인데
그 중의 제일은 사랑이라

10 —— 사랑으로 사는 사람

마태복음 28:19-20

그러므로 너희는 가서 모든 민족을 제자로 삼아
아버지와 아들과 성령의 이름으로
세례를 베풀고 내가 너희에게 분부한 모든 것을
가르쳐 지키게 하라 볼지어다 내가 세상 끝날까지
너희와 항상 함께 있으리라 하시니라

12 —— 전도자의 사명

예수님의
사람

Walking with Jesus

예수님의
사람

Walking with Jesus

예수님의
사람

Walking with Jesus

예수님의
사람

Walking with Jesus

예수님의
사람

Walking with Jesus

예수님의
사람

Walking with Jesus

《예수님의 사람》
제자훈련 중요 서식 자료

서식들은 우측 QR코드를 통해
내려받아 사용할 수 있습니다.

〈PDF〉 〈한글파일〉

《예수님의 사람》 제자훈련 지원서 | 《예수님의 사람》 제자훈련 서약서 | 강사보고서

도우미보고서 | 개인 체크리스트 | 수료증

제자훈련 지원서

성명		성별	□남 □여
생년월일		직분	
주소			
휴대폰		집 전화	E-mail

양육수료	새가족 일대일 양육을 수료하셨습니까?　□ 예　□ 아니오
봉사부서	현재 봉사하고 있는 부서가 있습니까?　□ 예(부서명:　　　)　□ 아니오 제자훈련 중이나 마친 후에 봉사에 참여할 의사가 있습니까?　□ 예　□ 아니오
지원동기	
참고사항	□ 탁아도우미 필요　　□ 임산부　　□ 건강이상 특이사항 :

지원반	성별	요일	시간	요일	시간
(희망하는 반에 ○표)	남 자				
	여 자				

위와 같이 제자훈련에 지원합니다.

년　　월　　일

신 청 인 :　　　　　(서 명)

소속 :　　　담당교역자 :　　　(서 명)

《예수님의 사람》

제자훈련 서약서

나는《예수님의 사람》제자훈련의 훈련생으로서
하나님 앞에서 다음과 같이 서약합니다.

1. 나는 제자훈련이 진행되는 동안 제자훈련을 우선순위에 두
   겠습니다.

2. 나는 결석이나 지각을 하지 않고 제자훈련에 성실하게 참여
   하겠습니다.

3. 나는 교재 예습과 주어진 과제를 철저하게 수행하겠습니다.

4. 나는 열린 마음과 정직한 마음으로 훈련에 참여하겠습니다.

5. 나는 다른 훈련생의 개인적인 이야기에 대해 비밀을 지키겠
   습니다.

6. 나는 우리가 그리스도 안에서 한 몸임을 기억하고 사랑과 기
   도로써 서로에 대한 책임을 다하겠습니다.

년   월   일

이 름: (인)

제자훈련 강사 보고서 /   반

월   일   단원   강사 :

결석자 명단 보강계획	

훈련 상황	[상/중/하]에 '○'표 해주세요.	상	중	하
	1. 교재의 내용을 충분히 숙지하였습니까?			
	2. 훈련생들을 위하여 기도하였습니까?			
	3. 훈련생들의 이야기를 경청하고 공감하였습니까?			
	4. 훈련생들의 예습 상태는 양호합니까?			
	5. 훈련생들이 교재의 내용을 잘 이해하였습니까?			
	6. 훈련생들이 마음을 열고 나눔에 참여하였습니까?			

반의 영적 분위기	

번호	성 명	신앙의 단계, 간증, 기도제목을 구체적으로 기록해 주세요.

특이 사항	

제자훈련 도우미 보고서 / _____ 반

일시		단원	
강사		도우미	

번호	성명	출결 사항	예습	QT	기도	통독	전화 심방보고서 (결석사유 및 기타)

참고사항

자기 점검표

기록 요령	출석	출석(○), 지각(/), 결석(×)	Q T	횟수로 표기 / 예:(5)
	기도	30분 이상(○), 30분 이하(△)	예습	○, △, ×로 기록
	성경통독	읽은 장 숫자 기록/(예:34)	예배출석	주일-속회(○, ×), 새벽(횟수)
	성경암송	○, △, ×로 기록		

번호	주차	출석	예습	Q T	기도	성경 암송	성경	예배출석					비고
								주일	수요	금요	속회	새벽	
1	오리엔테이션												
2	1주(/)												
3	2주(/)												
4	3주(/)												
5	4주(/)												
6	5주(/)												
7	6주(/)												
8	7주(/)												
9	8주(/)												
10	9주(/)												
11	10주(/)												
12	11주(/)												
13	12주(/)												
14	13주(/)												
15	14주(/)												

20 - 호

파 송 장

성 명 :

위의 사람은 본 교회에서 실시하는

제   기 예수님의 사람 제자훈련을 성실히

수료하였기에 대한민국 선교사로 파송하는 바입니다.

(수료기간 :   년 월 일 -   년 월 일)

20 년   월   일

교회

담임목사

예수님과 동행하는 삶으로 인도하는 제자훈련

예수님의 사람 | 인도자용 워크북

초판 1쇄 발행 2020년 4월 29일

지은이 유기성

기획·편집 김순덕, 유지영
디자인 브릿지제이

펴낸곳 도서출판 위드지저스
등록번호 제379-2019-000082호
주 소 경기도 성남시 수정구 헌릉로 999 402호
전자우편 wjp@wjm.kr | **디자인** bridgej824@gmail.com
전 화 031-759-8308 | **팩 스** 031-759-8309

Copyright © 유기성, 2020, Printed in Korea

ISBN 979-11-968130-8-6 04230

ISBN 979-11-968130-5-5(세트)

*잘못된 책은 바꿔드립니다.
*책값은 뒤표지에 있습니다.